Beschaffungsmarketing für die Praxis

Ein strategisches Handlungskonzept

Springer

Berlin
Heidelberg
New York
Barcelona
Budapest
Hongkong
London
Mailand
Paris
Santa Clara
Singapur
Tokio

Udo Koppelmann

Beschaffungs-marketing für die Praxis

Ein strategisches Handlungskonzept

Mit 98 Abbildungen

Springer

Prof. Dr. Udo Koppelmann
Universität zu Köln
Seminar für Allgemeine Betriebswirtschaftslehre,
Beschaffung und Produktpolitik
Herbert-Lewin-Str. 2
D-50931 Köln

Dieses Buch entstand in Zusammenarbeit mit dem Bundesverband Materialwirtschaft, Einkauf und Logistik e. V., Frankfurt/Main.

ISBN 3-540-63088-0 Springer-Verlag Berlin Heidelberg New York

Die Deutsche Bibliothek – CIP-Einheitsaufnahme
Koppelmann, Udo: Beschaffungsmarketing für die Praxis: ein strategisches Hand-
lungskonzept / Udo Koppelmann. – Berlin; Heidelberg; New York; Budapest;
Hongkong; London; Mailand; Paris; Santa Clara; Singapur; Tokio: Springer, 1997
    ISBN 3-540-63088-0

© Springer-Verlag Berlin Heidelberg 1997
Printed in Germany

Umschlaggestaltung: déblic, Berlin

SPIN 10630912   64/2202-5 4 3 2 1 0 – Gedruckt auf säurefreiem Papier

Geleitwort

Zunkunftsorientierte Unternehmen haben seit langer Zeit erkannt, daß Aktivitäten auf der Beschaffungsseite einen wesentlichen Anteil zur Sicherung der Wettbewerbsfähigkeit und des Unternehmensergebnisses erbringen. Ein aktives Beschaffungsmarketing ist dabei wesentlicher Bestandteil zur Erfüllung der Aufgaben in Einkauf und Beschaffung.

Der Bundesverband Materialwirtschaft, Einkauf und Logistik e.V. (BME) widmet sich seit über 40 Jahren neben der Förderung des Informations- und Erfahrungsaustausches und der Fort- und Weiterbildung insbesondere der Förderung der Fachdiskussion in Materialwirtschaft, Einkauf und Logistik.

Mit der vorliegenden Schrift hat Herr Professor Koppelmann in komprimierter Form einen Beitrag zur Förderung dieser Diskussion geleistet, die alle fachlich Interessierten zu Denkanstößen anregt.

Für diese Arbeit danke ich Herrn Professor Koppelmann und darüber hinaus allen weiteren Personen, die die Erstellung dieser Schrift ermöglicht haben.

Frankfurt, Juni 1997   Dr. Holger Hildebrandt
                            Vorsitzender des Bundesverbandes Materialwirtschaft,
                            Einkauf und Logistik e.V.

Vorwort

Beschaffungsmarketing ist mehr als ein Schlagwort. Man muß es mit Inhalt füllen, wenn man zeigen will, was mit einer neuartigen Konzeption möglich ist. Daraus kann sich dann ein Buch ergeben, das dem einen oder anderen zu umfangreich erscheint. Mit der eigenen Funktion hat man ja schon genug zu tun, so daß Lesen eher lästig wird.

Vor diesem verständlichen Hintergrund fragte der Vorsitzende des Bundesverbandes Materialwirtschaft, Einkauf und Logistik, Herr Dr. Hildebrandt, ob nicht eine komprimierte Darstellung des Beschaffungsmarketing möglich sei, um diese Gedanken schneller und etwas komfortabler in die Praxis hineinzutragen. Gemeinsam mit dem Springer-Verlag und dem BME habe ich dann diese Idee aufgegriffen und mich um eine zügige Abwicklung bemüht. Ich hoffe, daß unser Ziel erreicht wird.

Köln, im Mai 1997   U. Koppelmann

Inhaltsverzeichnis

1. Die Probleme

Klagen gehört zum unternehmerischen Handwerk. Geklagt wird immer, auch wenn es Unternehmen eigentlich gut geht. Gleichzeitig gilt es festzuhalten, daß auch beklagenswerte Situationen ihr Gutes haben. Sie bieten beste Chancen zur Veränderung. Die Bereitschaft, Bisheriges auf den Prüfstand zu stellen, wächst. Das ist auch die Chance der Materialwirtschaft, bisheriges Denken und Handeln zu überprüfen, um durch einen neuen Handlungsansatz wesentlich mehr als bisher zum unternehmerischen Erfolg beizutragen. Stereotypes Klagen über die ach so bedauerlichen Handlungsgrenzen hilft da nicht weiter. Vielleicht hat man ja sogar selbst dazu beigetragen. Zu diesem Wechsel wollen wir animieren. Welche Gründe führen dazu?

1.1 Generelle Unternehmensprobleme

Der Konkurrenzkampf ist anders und intensiver geworden. Es gibt im Prinzip alles und von allem zuviel. Wir stehen am Beginn eines globalen Wettbewerbs. Auch Nischenanbieter werden zu einer globalen Präsenz gezwungen. Die globale Präsenz zieht eine globale Versorgung nach sich. In diesem Hase- und Igel-Spiel muß man sich um die Igelposition bemühen.

Früher mögliche technische Monopolpositionen schwinden dahin. Das Aufholen der Schwellenländer - Südkorea sei als Beispiel genannt - vergrößert den Kreis der Konkurrenten unter zumindest völlig anderen Kostenbedingungen. Die weltweite Nutzbarkeit der neuen Informationstechnologien tut ein Übriges, um Konkurrenzvorsprünge wieder einzuholen. Hier fressen die Schnelleren die Langsameren.

Daraus folgen nun einige Problemschwerpunkte, welche das betriebliche Versorgungshandeln beeinflussen:

(1) Das Kostenproblem

Die billigere Konkurrenz zwingt zur Kostenreduktion. Wo kann man Kosten einsparen? Wenn die Lohnstückkosten in Deutschland höher als im Land X sind, kann das mehrere Gründe haben.

Gegen Verzerrungen aufgrund veränderter Währungskurse kann der Einzelne nur begrenzt etwas ausrichten. Der vermehrte Einkauf in dem abwertenden Land kann die Folge sein. Ist die Abwertung von Dauer? Wird sie binnen kurzem von der höheren Inflationsrate wieder aufgefressen? Welche Kosten verursacht die Suche, der Aufbau eines neuen Lieferanten, welche Risiken sind damit verbunden?

Kostengünstigere Angebote aus Schwellenländern können zur Verlagerung ganzer

Tätigkeitsbereiche führen. Die Öffnung der mitteleuropäischen Grenzen birgt Chancen und Risiken. Dies hat vielfach zu Überlegungen geführt, arbeitsintensive Fertigungen zu verlagern.

Hinzu kommt das Bemühen um Kostensenkung unter vergleichbaren Bedingungen. Unter den Stichworten „lean management" und „business reengineering" ist hierzu vieles geschrieben und diskutiert worden. Durch neue vernetzende Denkweisen der Prozeßoptimierung sind beträchtliche Fortschritte erzielt worden.

Der betriebliche Versorgungsbereich verdankt einen großen Teil seines Bedeutungsgewinns diesem Kostensenkungsstreben. Das kann es aber allein noch nicht sein.

(2) Das Erlösproblem

Was kann man für ein Produkt, eine Dienstleistung für Preise erzielen? Die Zeiten, da man mit einem neuen Produkt, einem Nachfolgemodell einen 20 - 30%igen Preisaufschlag verband, sind weitgehend vorüber. Target-pricing führt zu target-costing. Ausgehend von einem für erzielbar gehaltenen Preis wird unter Beachtung der Konkurrenzbedingungen und der Preisbewilligungsbereitschaft einer Zielgruppe retrograd bestimmt, was die Produktbausteine maximal kosten dürfen. Damit sind Kosten- und Erlösprobleme verbunden.

Daneben gibt es ein etwas anders getöntes Problem - Käufer sind preiskritischer geworden. Auch für Spitzenprodukte wird nicht mehr jeder Preis bezahlt. Und dennoch muß versucht werden, auskömmliche Erlöse zu erzielen. Produkte müssen über herausragende Leistungen, Features, verfügen, die den hohen Preis ertragbar erscheinen lassen. Aufgabe der Beschaffung ist es damit, nach erlösstabilisierenden Leistungsbausteinen auf den Weltmärkten Ausschau zu halten. Damit erhält der Beschaffer (Einkäufer) eine Aufgabe, die man als Vorstufe der Produktgestaltung bezeichnen kann.

(3) Das Zeitproblem

Das Bild, daß der Schnellere den Langsameren frißt, erwähnten wir bereits. Auch das Bild, daß der Prophet im eigenen Land nichts gilt, ist bekannt. Und dennoch findet man täglich in der Realität Beispiele für das, was eigentlich nicht sein sollte.

Das Prozeß- oder Wertkettendenken wurde Mitte der 80er Jahre durch Porter (Wettbewerbsvorteile, 1986) Ausgangspunkt für vielfältiges Rationalisierungsstreben. Für den Handel hat Seyffert bereits in den 30er Jahren mit der Handelskettenanalyse ein vergleichbares Instrumentarium entwickelt. In Industrieunternehmen wäre dies durchaus anwendbar gewesen. Bei der Entwicklung und Vermarktung von Produkten und Dienstleistungen geht es ebenfalls darum, schneller als die Konkurrenz das neue Angebot mit vollem Elan auf den Markt zu bringen. Ängstliches Zögern („wer weiß - wer weiß? Haben wir noch nie so gemacht!") kennzeichnet keinen Champion. Me-too-Produkte lassen auch nur Me-too-Renditen zu!

Die Pfade sicheren Verhaltens werden schmaler und kürzer. Das Risiko unternehmerischen Handelns wächst, wenn man sich nicht mehr unbedingt auf Bewährtes verlassen kann. Damit verändert sich auch das Tätigkeitsbild der Beschaffung. Reine Wiederholungskäufe nehmen an Bedeutung ab.

(4) Das Ideenproblem

Eng verwoben mit dem Bisherigen ist die Notwendigkeit, neue Ideen zu generieren. Es spricht einiges für die Hypothese, daß die Zukunft von der Ideenkonkurrenz geprägt sein wird. Das hätte gewaltige Konsequenzen: Abflachung der Hierarchien (→ lean management), Eigenverantwortung auf unteren hierarchischen Ebenen, Zwang zur Kreativität. Nur der wird besser bezahlt, der neue und bessere als die alten Wege einschlägt. An die Stelle der verwaltenden Materialwirtschaft tritt unternehmerisches Beschaffungsmarketing.

(5) Das Akzeptanzproblem

Gestriges Handeln hinterläßt Spuren. Wie Unternehmen mit der Umwelt, mit Mitarbeitern, mit Kunden, mit Lieferanten umgehen, das schafft, soweit es die beteiligten Kreise erfahren, Imagespuren. Dabei ist gleichgültig, ob die gelegten Spuren immer richtig interpretiert werden (z. B. Shell/Greenpeace: Brent Spar).

Wenn man sich im Rahmen einer prozeßoptimierenden Lösung der Methode der Einkaufskostenanalyse bedient und dabei auf die offengelegte Lieferantenkalkulation zurückgegriffen hat, dann setzt dies pfleglichen Umgang mit diesen Informationen voraus. Das Unterschreiten der als optimal unterstellten Mengen und das Beharren auf dem Optimalpreis ist ebenso problematisch wie die anschließende Argumentation, jetzt habe man ja gesehen, wieviel man in der Vergangenheit zuviel bezahlt habe und deshalb müsse man jetzt den Preis linear um 10% senken. Derart rüde Einkaufsmethoden verhindern zukünftiges, gemeinsames und auf Vertrauen basieren-des Handeln. Macht allein führt nicht zu langfristig sinnvollen Lösungen. Strategisches Handeln ist gefordert. Vor diesem Hintergrund müssen Beschaffungsprobleme gelöst werden.

1.2 Beschaffungsprobleme

Der betriebliche Versorgungsbereich befindet sich im Umbruch. Daraus resultieren nicht unbeträchtliche Probleme. Sie machen nicht vor Landesgrenzen halt.

(1) Auftragsorientierung

Der Beschaffungsbereich nimmt eine Agenten-, eine Mittlerfunktion zwischen internen Verbrauchsstellen und Lieferanten wahr. Bedarfe anderer müssen gedeckt werden. Statt einer aktiven Bedarfsbeeinflussung dominiert noch vielerorts eine passive Bedarfserfüllung. Die Konstruktion usw. schreibt vor, was sie benötigt. Aufgabe der Beschaffung (Einkauf) ist es, dann vorrangig den passenden Lieferanten zu finden und mit ihm einen nützlichen Vertrag zu gestalten. Mitarbeiter, die bisher nur umsetzen durften, sind schwerlich binnen kurzem zu einer aktiven Beeinflussung im Sinne einer gewählten Zielsetzung imstande.

(2) Strategielücke

Eng mit der Auftragsorientierung hängt das vorwiegend operativ-taktische Handeln zusammen. In der folgenden Abbildung der SAP Software R3 wird der dispositive Schwerpunkt deutlich. :

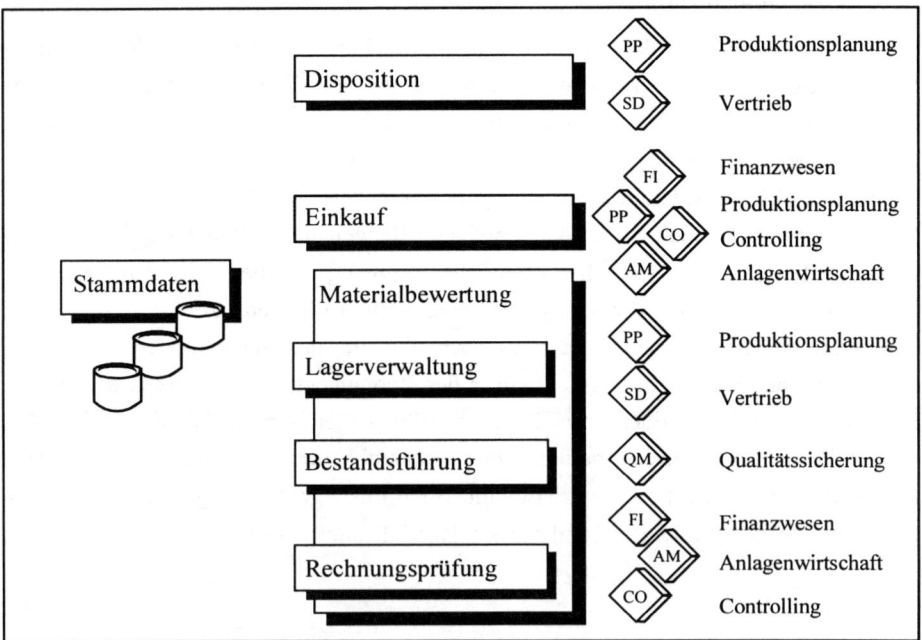

Übersicht 1: MM der R/3-Software von SAP

Strategien haben auch mit langfristiger Planung zu tun. Wenn bei einer von uns durchgeführten empirischen Erhebung nur 24 % der Befragten über eine mehrjährige Beschaffungsplanung verfügen, wie dies die folgende Übersicht zeigt, dann wird die Lücke offenkundig:

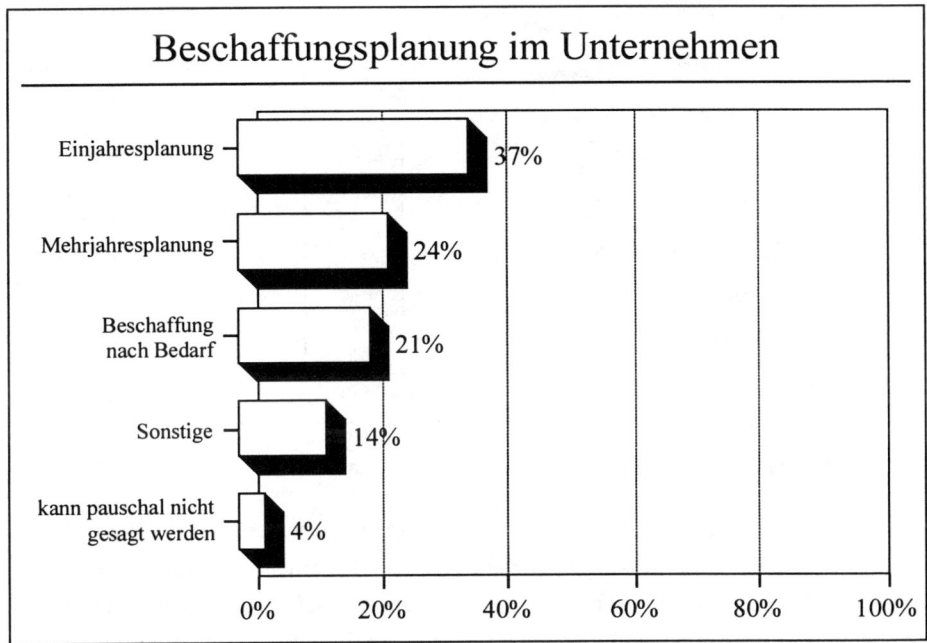

Beschaffungsplanung im Unternehmen

- Einjahresplanung — 37%
- Mehrjahresplanung — 24%
- Beschaffung nach Bedarf — 21%
- Sonstige — 14%
- kann pauschal nicht gesagt werden — 4%

0% 20% 40% 60% 80% 100%

Übersicht 2: Beschaffungsplanung in Unternehmen (Quelle: o.V., Industrieller Einkauf heute, Beschaffung aktuell, 12/95, S. 25ff.)

Wie soll ein Funktionsbereich ernst genommen werden, wenn in ihm anders als in den Nachbarbereichen vorrangig kurzfristig geplant wird?

(3) Methodenlücke

In derselben empirischen Erhebung haben wir auch nach den vorrangig verwendeten Methoden gefragt. Wir erhielten folgendes Ergebnis:

6

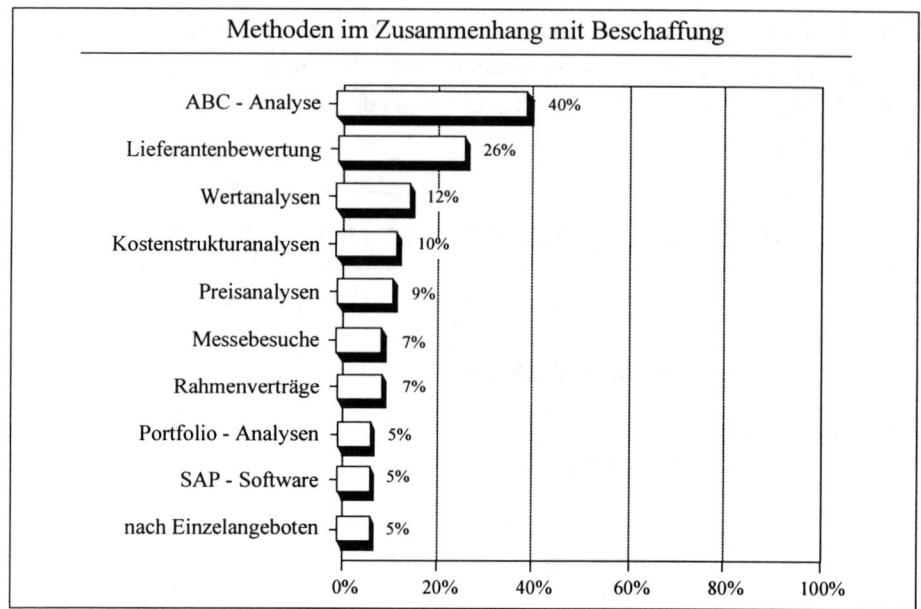

Übersicht 3: Methoden im Zusammenhang mit Beschaffung

Die Reife einer Disziplin schlägt sich auch in ihrem Methodenarsenal nieder. Davon kann hier offensichtlich nicht gesprochen werden. Außerdem fällt es schwer, „nach Einzelangeboten", SAP-Software, Rahmenverträge oder die Lieferantenbewertung als Methoden zu erfassen. Dann bleibt eigentlich nur wenig übrig.

(4) Der Lieferant als Gegner

Es sitzen sich Einkäufer und Verkäufer gegenüber und jeder meint, sein Vorteil läge im Nachteil des anderen. Man müsse den anderen „über den Tisch ziehen" und im Geheimen hofft man, daß der Lieferant den Gewinn, den man ihm selbst nicht zugesteht, sich beim dümmeren Einkaufskonkurrenten holt. Wie man dann prozeßbetonte Strategien wie system-sourcing, silmutaneos engineering usw. verwirklichen will, wird wohl immer ein Rätsel bleiben. So sind Partnerschaften von vornherein zum Tode verurteilt.

(5) Isoliertes Denken und Handeln

Ausbildungen haben im Normalfall einen spezifischen Schwerpunkt. Wer diesen Schwerpunkt nicht durch situationsbedingtes Wissen erweitert, kann immer nur punktuell etwas zur Lösung beitragen. Er ist nicht in der Lage, durch vernetzendes

Denken zu ganzheitlichen Lösungen zu gelangen. Wie er dann Lieferantenbewertungen vornehmen soll, als Informationsgatekeeper fungieren soll, bleibt ein allseits gehütetes Geheimnis.

(6) Kompetenzproblem

Wenn der Einkäufer nur ausführen durfte, was man ihm vorgab, dann darf man sich nicht wundern, wenn statt eines kompetenten Managementimages ein „Briefträger"-Image entstanden ist. Selbst gute Vorschläge werden nicht ernst genommen. Techniker usw. greifen in das Versorgungsgeschäft direkt (z.B. durch Lieferantenverhandlung) oder indirekt (durch Lieferantenvorgabe über die Spezifikation) ein. Die mitwirkenden Kollegen anderer Fachbereiche müssen erkennen, daß der Einkäufer nicht nur den Markt und die Lieferanten bestens kennt, sondern daraus auch die für das eigene Unternehmen besten Konsequenzen zieht. Hier ist noch viel Aus- und Weiterbildungsarbeit zu leisten. Dieses Buch soll auch dazu beitragen.

2. Die Vision

Wenn man versucht, einen betriebswirtschaftlichen Funktionsbereich auf ein höheres Professionalitätsniveau zu heben, dann benötigt man eine Vorstellung darüber, wohin der Weg, die Reise gehen kann. Was muß der Beschaffungsmanager beherrschen, um die an ihn gestellten Anforderungen zur Zufriedenheit des Unternehmens erfüllen zu können? Was muß er können, um die geschilderten Probleme bewältigen zu können?

Je nachdem, in welchem Entwicklungsstadium sich das eigene Unternehmen befindet, kann das, was hier als Vision entwickelt wird, ungläubiges Staunen oder zustimmendes Nicken hervorrufen. Es gibt einige Unternehmen, die auf dieser Reise schon weit fortgeschritten sind, viele, die sich am Anfang befinden, und sicher auch etliche, die noch nicht bemerkt haben, daß Reisefieber ausgebrochen ist.

2.1 Die theoretische Basis

Nichts ist für die Praxis so gut, wie eine Theorie! Theorien bauen auf Modellen von der Wirklichkeit auf. Sie abstrahieren von der Wirklichkeit, indem sie Nebensächliches, Unwichtiges weglassen. Bewähren sich Theorien in ihrer Interpretation der Wirklichkeit, dann verfügt man über ein Aussagensystem mit hoher Bestätigungskraft. Der Raum für Zweifel wird kleiner. So falsch können neue Überlegungen nicht sein, wenn sie sich theoretisch begründen lassen.

Theorien schaffen darüber hinaus Strukturen der Wirklichkeitsabbildung. Die Strukturierung erleichtert das Zurechtfinden in einer nahezu unüberschaubar gewordenen Welt. Um im komplizierten Gefüge der Welt das Wichtige vom weniger Wichtigen zu trennen, sind theoretische Strukturgefüge hilfreich. Sie erleichtern deduktives Lernen. Oder anders ausgedrückt: Ohne theoretisches Wissen hat der Einzelne, der nur das Handeln in einem Unternehmen kennt, Schwierigkeiten, sich in anderen Unternehmen, Märkten usw. zurechtzufinden. Induktives Lernen hinterläßt zwar tiefe Spuren, kann aber durchaus zu Fehlschlüssen führen.

Zwei wichtige theoretische Bausteine bilden das Fundament der folgenden Überlegungen.

2.11 Die Koalitionstheorie

Mitte der 50er Jahre entwickelte sich in den USA die behavioristische Theorie der Unternehmung (Simon, 1955; March/Simon, 1958; Cyert/March, 1963). Die Unternehmung wird als offenes, soziales System betrachtet. Man kann von folgender Struktur ausgehen:

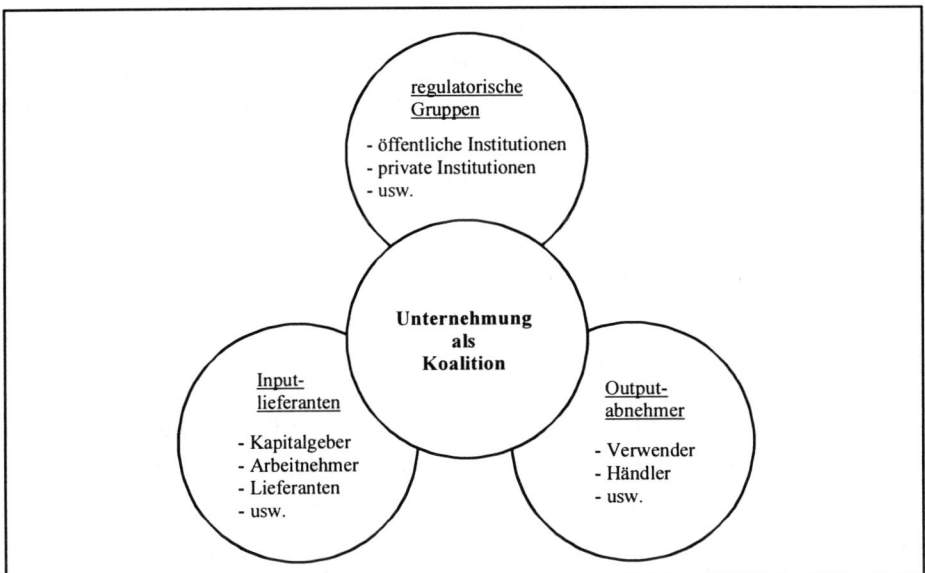

Übersicht 4: Die Unternehmung als Koalition

Das System funktioniert als Koalition. Das Unternehmen als Koalition überlebt langfristig nur, solange die Koalitionspartner den subjektiven Eindruck haben, daß sie für das, was sie in den Topf tun, was sie für das Unternehmen leisten, einen fairen Gegenwert bekommen. Das kann sich in Geld, sozialer Anerkennung, Lern- und Karrieremöglichkeit usw. niederschlagen. Wer jedoch den Eindruck hat, ausgenutzt zu werden und keine Chancen sieht, diesen Status zu verändern, der wird nach einem neuen Arbeitgeber suchen. Die Besten, in die man meistens auch erheblich investiert hat, haben die besten Chancen zu gehen, einen neuen Arbeitgeber zu finden. Die Schlechteren und die Älteren igeln sich ein, sie reduzieren ihr Engagement, ihren Leistungsinput vielfach sogar unter die Grenze, die ihrem Leistungsäquivalent entspräche. Das führt langfristig zum Tode des Unternehmens.

Die unternehmensinterne Betrachtung kann auch auf die Beziehung des Unternehmens mit seinem Umfeld ausgedehnt werden. Wir wollen uns hier auf die *Lieferantenbeziehung* konzentrieren. Auch zwischen Beschaffer und Lieferant kommt es zu einer Koalition. Diese Koalition funktioniert langfristig nur so lange zufriedenstellend, wie beide Koalitionspartner den Eindruck haben, fair bedient zu werden. Wer das Gefühl hat, „über den Tisch gezogen" worden zu sein, wird sein Verhalten dem anpassen. Der Lieferant, der unter Selbstkosten anbieten mußte, wird nach Einsparungsmöglichkeiten suchen, indem er z.B. seine Einkaufs-, Qualitätskosten senkt; weil es ein ärgerlicher Auftrag ist, wird er die gewinnträchtigen Aufträge bevorzugen, die Zuverlässigkeit sinkt. Änderungswünschen (Menge, Zeit, Qualität) gegenüber wird er sich eher zugeknöpft verhalten usw.; Investitionsanreize sind kaum erkennbar. Der Beschaffer, der sich übervorteilt fühlt, wird sein Hauptaugenmerk auf einen Lieferantenwechsel richten, wird sein Entgegenkommen bei anderen Beschaffungsobjekten überprüfen usw.

Wenn der Koalitionsfriede gestört ist, wird man eher nach Fehlern und weniger nach Fehlerbeseitigungsmöglichkeiten suchen. Damit ist eine langfristige Partnerschaft gestört.

2.12 Anreiz-Beitrags-Theorie

Auf der Koalitionstheorie basiert die Anreiz-Beitrags-Theorie. Wie die folgende Abbildung zeigt, treffen Beschaffer und Lieferant aufeinander, indem sie prüfen, was jeweils der andere will und dafür gibt:

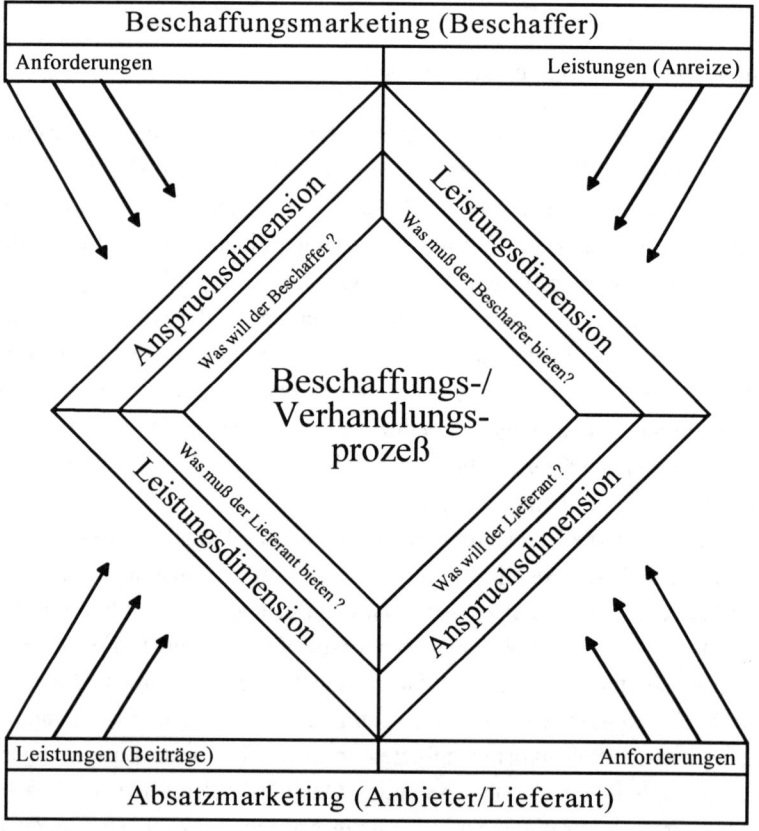

Übersicht 5: Beschaffung als Anreiz-Beitrags-Konzept

Der Beschaffer bemüht sich darum, das, was er benötigt, so günstig, wie für ihn möglich, vom Lieferanten zu erhalten. Damit das gelingt, muß er dem Lieferanten soviel bieten, bis der zur Lieferung bereit ist. Und daraus wird dann ein Kalkül, das dem ökonomischen Prinzip gehorcht (z.b. vorgegebenes Ergebnis mit geringstmöglichen Kosten).

Wir haben es also mit folgenden Begriffen zu tun:

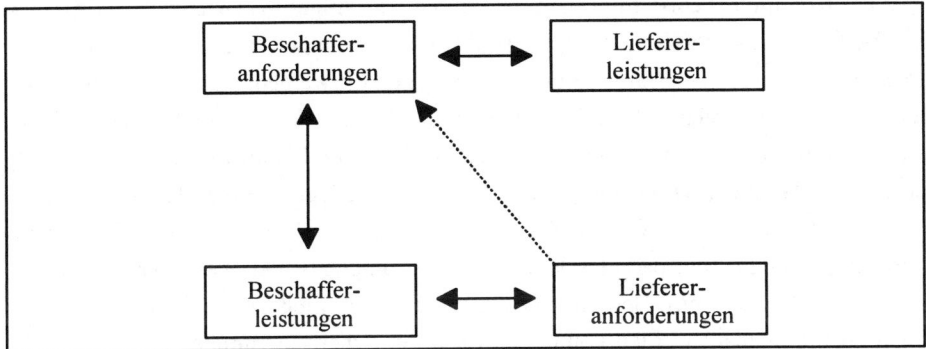

Übersicht 6: Die Hauptbestandteile der Anreiz-Beitrags-Theorie

Es reicht eben nicht aus, sich nur auf die Beschafferanforderungen (→ Bedarf) und die Lieferantenleistungen zu konzentrieren. Neu und konstituierend für das hier vorgelegte Denken ist die Überlegung herauszufinden, welche Leistungen man dem Lieferanten anbieten kann, die ihn zur gewünschten Lieferung bewegen, den Beschaffer aber möglichst wenig kosten. Die Konzentration auf den Preis als Beschafferleistung greift da zu kurz. Genauso wie im Absatzbereich auch muß man wissen, welche Wünsche der Lieferant hat, wo ihn der Schuh drückt, um zu überlegen, mit welchen Mitteln man diese Wünsche befriedigen kann. Das muß dann wieder dem ökonomischen Prinzip gehorchen, so daß man über die Kosten des eigenen Mitteleinsatzes informiert sein muß, um Minimierungsüberlegungen anstellen zu können. Das findet man in der Realität allerdings nur sehr selten.

2.2 Die Visionskonsequenzen

Es reicht nicht aus - wir betonten dies bereits - zu klagen. Es muß nicht nur die Unternehmensleitung erkennen, welche Möglichkeiten ein professionelles Beschaffungsmanagement bietet, auch die Mitarbeiter im Beschaffungsmanagement müssen Vorstellungen darüber haben, wie ihr Tätigkeitsfeld in Zukunft aussieht, und was das für sie für Konsequenzen haben kann.

2.21 Verhaltensvisionen

Mehreres muß sich im betrieblichen Versorgungsbereich (Materialwirtschaft) grundsätzlich ändern.

(1) Win-Win-Denken

Aus der Koalitionstheorie folgt unmittelbar, daß einseitiges Win-Denken den Koalitionsfrieden, das ökonomische Gleichgewicht stört. Neben der Frage, was ich von einer Maßnahme habe, muß *immer* gleichzeitig auch geprüft werden, was der andere davon hat. Wenn sie ihm nicht schmeckt, muß man überlegen, wie man sie ihm schmackhaft machen kann. Das vielfach undurchsichtige Verhandeln, bis man zu einem Vertragsabschluß gelangt ist, wird offener. Es wird vorher überlegt, wie man für beide Seiten, zufriedenstellende Kompromisse finden kann. Die Offenlegung der Kompromißfindung erfordert ein transparentes Planungs-, Instrumental- und Methodensystem, das jedem am Kompromiß Beteiligten zugänglich sein muß. Und damit Win-Win-Positionen aufgebaut werden können, müssen die Arbeitsinstrumente sehr viel differenzierter als bisher eingesetzt werden. Das werden wir jetzt hier entwickeln.
Mit diesem Denken wird man bei den wichtigsten Lieferanten beginnen, dort, wo sich der Aufwand am meisten lohnt. Je weniger Lieferanten man hat, um so schneller läßt sich dieses Denken verwirklichen. Möglich ist, daß man das Beschaffen bei C-Lieferanten outsourct, wobei der Beschaffungsdienstleister durch Bündelung dann wieder den Aufwand der Win-Win-Denkweise rechtfertigen kann.
Das Win-Win-Denken tritt an die Stelle machtorientierter Durchsetzungspolitik (→ Machtgefälle). Abgesehen davon, daß starke Machtausübung zur Lieferantenkonzentration und damit langfristig zumindest zum Machtgleichgewicht führt, wird übersehen, daß das beiderseitige Optimierungsbemühen auch die Chance besserer Resultate birgt. Für dieses Bemühen muß auch der Lieferant gewonnen werden, er muß davon überzeugt werden, daß zukünftig seine Win-Position genauso wichtig ist. Zwang führt zu schlechteren Ergebnissen als Überzeugtsein.

(2) Prozeßorientierung

Wie alles betriebswirtschaftliche Handeln ist auch das Beschaffungshandeln durch das Streben nach Kostenreduktion oder Leistungssteigerung, durch die Komponenten des ökonomischen Prinzips also, gekennzeichnet. In Rahmen des Optimierungsstrebens ist es erforderlich, statt einem isolierten Ausschnitt den Gesamtzusammenhang zu betrachten. Der Einstandspreis ist zwar eine wichtige Entscheidungsgröße, neben den Beschaffungsobjektkosten müssen aber auf jeden Fall auch die Beschaffungsfunktionskosten (z.B. Kosten der Marktforschung, Abwicklung) beachtet werden. Die Funktionskosten können einen optisch niedrigen Preis deutlich erhöhen. Die Wahl einer anderen Werkstoffqualität, eines anderen Fertigteils kann die eigene Reparaturarbeit bei Kunden reduzieren.

Die Prozeßorientierung erstreckt sich nicht nur auf die Beschaffung selbst. Ohne die durchgängige Betrachtung vom Planungsengpaß des Absatzes über die Gestaltung, die Produktion, die Logistik bis zur Beschaffung kann es nur ausnahmsweise gelingen, gute bis beste Lösungen zu erzielen. Darüber hinaus muß die Prozeßkette über das eigene Unternehmen hinaus verlängert werden. Dies ist in vertikalen und horizontalen *Kooperationen* möglich. Die vertikale Kooperation bildet den Prozeß zwischen vorgelagertem Lieferanten und nachgelagertem Beschaffer ab. Hier wird gemeinsam z.B. von Gestaltern (z.B. Konstrukteuren) des liefernden und beschaffenden Unternehmens nach einer Gestaltungsverbesserung Ausschau gehalten. Die Zusammenarbeit von Prozeßstufen zwischen Unternehmen kann auf alle Prozeßstufen ausgedehnt werden. Dann sitzen Buying-Team und Selling-Team zusammen und bemühen sich um eine für beide Unternehmen optimale Lösung. Statt der optimalen Insellösung soll also eine optimale Gesamtlösung gelingen.

Aus der Prozeßorientierung folgt die *Vernetzungsorientierung*, die Teamorientierung. Der Einkäufer wird gezwungen, auch in Zusammenhängen zu denken, die über seinen Funktionsbereich hinausgehen. Das gilt für alle Teammitglieder. Daraus ergeben sich mehrere Vorteile:

- Bei guter Vorbereitung und Leitung wird der Entscheidungsprozeß beschleunigt. Statt einer sukzessiven Planung mit den Konsequenzen der korrigierenden Rückwärtsplanung werden Meilensteine gemeinsam entwickelt und verabschiedet.
- Die Entscheidungsqualität wird dadurch gesteigert, daß nicht mehr isoliert gedacht, sondern vernetzt gearbeitet wird. So kann die drittbeste Lösung wegen ihrer Folgewirkung insgesamt zum besten Ergebnis führen. Darauf kommt man, wenn man mit der Brille des Kollegen Vorschläge präsentiert.
- Die Entscheidungkosten können durch Zeitgewinn und weniger Korrekturen gesenkt werden.

Ein Prozeßmodell zwischen Unternehmen kann so aussehen:

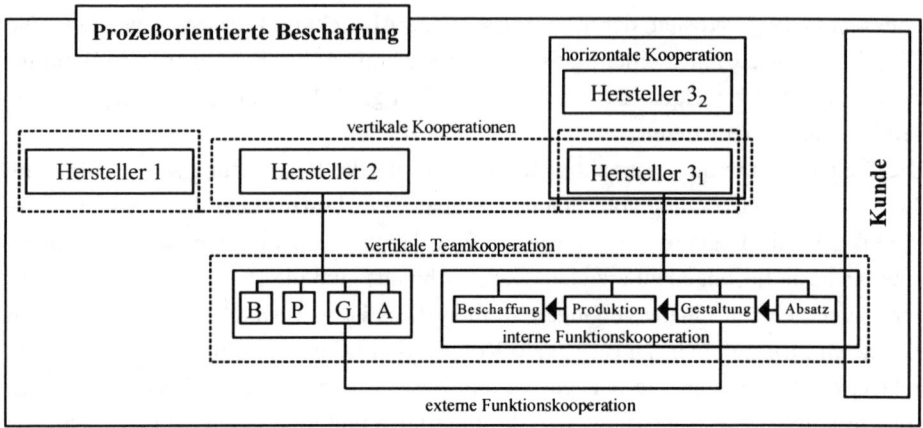

Übersicht 7: Prozeßorientierte Beschaffung

(3) Strategieorientierung

Wer gewichtige, langfristig wirksame Geschäfte vorbereiten will, darf sich nicht im Taktisch-Operativen verlieren. Er muß alle Möglichkeiten der Entlastung vom bisherigen Tagesgeschäft ausschöpfen. Wenn für das Gesamtunternehmen die Konzentration auf das core-business ansteht, gilt das auch für die Teilfunktionen. Wichtiges muß von weniger Wichtigem geschieden werden. Und es muß auch daran gedacht werden, daß heutiges Handeln Konsequenzen für morgen hat. Ohrfeigen, die man heute verteilt, erhält man morgen zurück. Das Wandern von Markt zu Markt, weil das gerade opportun zu sein scheint, der Wechsel von Lieferant zu Lieferant (ex und hopp), weil gerade ein günstigerer Preis bei einem anderen durchsetzbar ist, all das mag im Augenblick vielleicht ratsam erscheinen.

Zu selten werden die jeweiligen Konsequenzen bedacht. Und dazu gehört auch die *Analyse*. Die Analyse eines neuen Beschaffungsmarktes benötigt Zeit, sie kostet Geld. Der Marktwechsel ist mit Risiken verbunden. Ob die Chancen wesentlich größer sind, will wohl überlegt sein.

Um die Möglichkeiten zu nutzen, die durch eine verstärkte Prozeßorientierung realisierbar sind, bedarf es intensiverer vertikaler und horizontaler Analysen. Die Wahl eines Systemlieferanten kann nur unter strategischen Aspekten erfolgen. Dazu bedarf es nicht nur intensiver Analyse, wer der Richtige sein könnte, dazu gehört auch die *Lieferantenpflege*. Aus dem Absatz kennen wir die Notwendigkeit der Kundenpflege, um Kundenzufriedenheit zu erzielen. Ein Beschwerdemanagement im Beschaffungsbereich stößt als konsequente Forderung noch auf ungläubiges Staunen.

Strategisches Denken erfordert *Prognosefähigkeit*. Das Fortschreiben von Trends (Trendextrapolation) reicht bei weitem nicht aus. Welche Ereignisse sind auf fremden

Märkten, bei Lieferanten möglich, welche Störungen können sich daraus ergeben? Bei global sourcing zu unterstellen, alles werde hoffentlich so intakt bleiben wie bisher, Entwicklungsbrüche werde es schon nicht geben, offenbart nicht gerade professionelles Verhalten.

(4) Dienstleistungsorientierung

Der Beschaffungsbereich steht in einer Mittlerposition, man kann von einer *Agentenfunktion* sprechen. Für die Befriedigung des internen Bedarfs müssen Möglichkeiten externer Bedarfsbefriedigung gesucht werden.

Insofern gleicht der Beschaffungsbereich dem Handel, der ebenfalls versucht, seine Kunden durch geeignete Angebote zufriedenzustellen. Die Analogie geht weiter: So wie ein Handelsunternehmen nur dann erfolgreich ist, wenn Ein- und Verkauf intensiv zusammenarbeiten - der Einkauf muß immer durch die Brille der Verkäuflichkeit schauen - darf auch der industrielle Einkauf nicht vergessen, daß er seine Rechtfertigung lediglich durch den Erfolg der abgesetzten Produkte erfährt. Er ist Dienstleister für Kunden und nicht Erfüller der Konstruktion usw. In den Abstimmungsgesprächen im Team mit den anderen Funktionsmitgliedern muß immer wieder die Frage nach dem Kundennutzen beantwortet werden.

Dabei trägt die Beschaffung auf zwei Kundenschultern. Die wichtigste ist die des Absatzkunden. Bei der unumgänglichen Feststellung, was dem Kunden nutzt und was der Kunde wofür zu zahlen bereit ist, muß auch die Beschaffung beteiligt werden, um in Abstimmung mit den anderen Funktionsbereichen den optimalen Bedarfskompromiß zu erarbeiten. Nur der Beteiligte kann bei der Suche nach Lösungen zielgerecht und kreativ arbeiten. Und wer Dienstleistungen für andere Abteilungen erbringen will, muß deren Entscheidungslage kennen. Wer z.B. die Produktionskosten und -leistungen nicht kennt, hat als Beschaffer Probleme, gute Alternativvorschläge für die eigene Produktion, gute Vorschläge für die Integration in die Produktion usw. zu erarbeiten.

Auf der anderen Seite ist es Aufgabe der Beschaffer, die intern erarbeiteten Bedarfsanforderungen mit dem Lieferanten auf eine entsprechend der geschilderten Win-Win-Position tragfähige Realisierungsbasis zu stellen. Diese Suche wird bei ständigen Lieferantenwechsel erschwert. Die Kenntnis der gestrigen Problemlösung erleichtert die morgige Problemlösung. Das muß nicht ausschließen, nach noch besseren Lieferanten weltweit zu suchen. Bevor man sich jedoch auf die Suche macht, muß prognostiziert werden, mit welchen Kosten man welche Leistungen zu erhalten hofft. Selbst wenn systematische Beschaffungsmarktforschung betrieben wird, verschwinden ihre Kosten häufig in Gemeinkostenzuschlägen statt stückproportional zugerechnet zu werden. Und die durch den Lieferantenwechsel bedingten Risiken (Qualität, Menge, Zeit, Kosten) werden vielfach wegen der schwierigen Erfassung nicht in die abschließenden Überlegungen einbezogen.

16

(5) Teamfähigkeit

Dadurch, daß vermehrt gut ausgewählte Mitarbeiter zur Verfügung stehen, ist es möglich geworden, Unternehmenshierarchien zu verschlanken (→ lean management). Selbstkontrolle statt Vorgesetztenkontrolle ist möglich. Eigenverantwortlichkeit erfordert Delegation und möglichst nur geringe Eingriffe von oben. Dies sind wichtige Voraussetzungen für erfolgreiche Teamarbeit, will man bestmögliche Resultate erzielen. Statt des Schielens darauf, was bei Vorgesetzten durchsetzbar ist, soll Wert auf die langfristig optimale Lösung gelegt werden.

Durch die Teamarbeit soll statt des meist üblichen Sukzessivplanens vermehrt simultan geplant werden. Eine Aufgabenstellung wird gemeinsam von denjenigen, die für die Lösung verantwortlich sind (z.B. Mitarbeiter aus Absatz, Gestaltung, Beschaffung, Logistik, Produktion, Finanzen) erarbeitet. Funktionsspezifische Lösungsaufgaben müssen zwischen den Gruppensitzungen erledigt werden. Durch die Teamarbeit soll zweierlei erreicht werden:

– In kürzerer Zeit sollen optimale Ergebnisse vorliegen. Wenn man die Lösungsbeiträge der jeweiligen Fachbereiche jeweils hintereinander schaltet, geht zuviel Zeit verloren; wenn die Beschaffung mit der Analyse erst beginnt, wenn Produktion und Konstruktion ihr O.K. gegeben haben und nachdem hoffentlich der Engpaßsektor Absatz (Produktmanagement) die Marktdefinition erstellt hat, dann gleicht das einer Echternacher Springprozession. „Perlenkettenplanung" wird in Zukunft an Bedeutung verlieren.

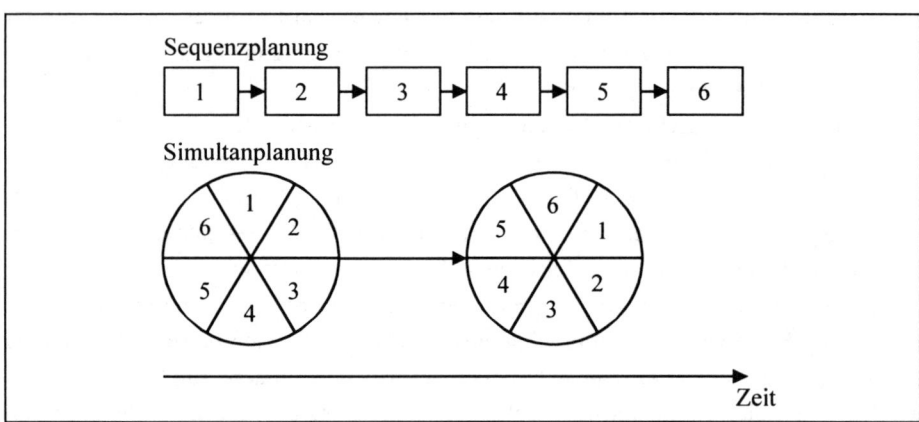

Übersicht 8: Sequenz- und Simultanplanung

– Durch gemeinsames Denken sind bessere Lösungen möglich (→ siehe Prozeßorientierung)

Hieraus ergeben sich Anforderungen an die Teammitglieder:

– Jeder muß sein *Aufgabenfeld* beherrschen. Er trifft auf formal und funktionsspezifisch gut ausgebildete Kollegen. Ein Einkäufer, der sich, weil er das bisher nur so gelernt hat, lediglich im Einkauf von Elektromaterial auskennt, wird bei einer neuen Aufgabenstellung in der Diskussion mit den eher akademisch ausgebildeten Mitarbeitern aus Marketing, Produktion, Konstruktion, Logistik und Finanzen Probleme bekommen. Er muß nicht nur über die Marktmöglichkeiten informiert sein, er soll auch mitdenken können, wie durch Bedarfsmodifikation Optimierungen möglich sind.

– Teamfähigkeit erfordert *Offenheit* und *Flexibilität*. Wer nicht auf dem jeweils neuesten Stand seines Gebietes ist, bekommt Kompetenzprobleme; er wird Schwierigkeiten haben, seine Vorschläge als gewichtig in der Gruppendiskussion zu vertreten. Die Gruppendiskussion soll als Suche nach einem Kompromiß für ein Gesamtoptimum verstanden werden. Nicht die Summe der Teiloptima sondern die Gesamtlösung muß gefunden werden. Das Beharren auf der eigenen als optimal empfundenen Lösung, ohne auf die Argumente anderer Funktionsträger Rücksicht zu nehmen, behindert die Teamarbeit. Ein Gesamtziel vor Augen muß der Beschaffer über einen großen Alternativenraum verfügen, um mit Second-best-Lösungen insgesamt zu einem optimalen Ergebnis beizutragen.

– Die Mitglieder erfolgreicher Teams haben im Laufe der Zeit gelernt, in der jeweiligen *Fachstruktur* der Kollegen zu denken. Das läßt sich lerntheoretisch erklären. Wenn man darüber nachdenkt, warum man in einem Falle sofort, im anderen Falle erst nach langem Argumentieren überzeugt hat, dann fällt auf, daß die Überzeugungsgeschwindigkeit hoch mit der Ähnlichkeit in der Denk- und Argumentationsstruktur korreliert.

– *Selbstbewußtsein* muß im Team nicht schädlich sein. Hilfreich ist es sicherlich, wenn es möglichst gleich verteilt ist. Weil die Gruppendiskussion ja nicht lediglich ein rationaler Argumentationsaustausch ist, sollte man darauf achten, daß die „Chemie" zwischen den Teammitgliedern stimmt oder zumindest die Chance besteht, daß dies erreichbar ist.

– Teamarbeit erfordert hohe *Disziplin*. Dadurch daß die Freiräume größer werden, besteht die Gefahr der Ressourcenvergeudung. Zum einen ist die Diskussionsdisziplin zu erwähnen. Das Ausufern der Diskussion auf Nebengebiete ist manchmal nicht vermeidbar, hin und wieder bringen unwichtige Diskussionen auch interessante Ergebnisse. In der Regel muß aber die Diskussion „auf den Punkt" gebracht werden. Und zum anderen muß Wert auf die Zeit- und Aufgabenerfüllungsdisziplin gelegt werden. Von Teamsitzung zu Teamsitzung sind fachspezifische Aufgaben zu erledigen. Die Sitzungstermine sind bekannt, sie werden gemeinsam verabschiedet.

Nur halb vorbereitet in eine Teamsitzung zu gehen, erzeugt Ärger und kostet Zeit und Geld, weil das Arbeitsergebnis schlechter ausfällt, einiges auf später verschoben werden muß, der Terminplan ins Schwanken gerät.

2.22 Organisationsvisionen

Eine Abteilung Materialwirtschaft, die auf der zweiten oder dritten Ebene der Produktion oder dem Finanzbereich untergeordnet wird, hat kaum die Chancen, eigenständige und kreative Optimierungsvorschläge zu unterbreiten. Hier muß sich einiges tun.

(1) Beschaffung als Marktabteilung

Beschaffung hat mit dem Absatz vieles gemein. Des einen Kunde ist des anderen Lieferant. Key-account-management (→ Großkundenmanagement) dient der intensiven Kundenpflege (Handelskunde). Bei der Strategie des modular-sourcing ist ein ähnlich enger Kontakt zum Lieferanten nötig, um sich ankündigende Probleme vor ihrer Entstehung zu lösen, um eine beiderseitigem Nutzen dienende Problemlösungsbereitschaft zu sichern. Die eine Grundlage für das Zusammengehen von Beschaffung und Absatz (Einkauf und Verkauf) ist also die sehr ähnliche *Denkstruktur* (→ Mittlerfunktion).

Ein weiteres Argument für diese Vision liefert die meist vor der Beschaffung vom Absatz her etablierte weltweite *Marktpräsenz*. Die zusätzlichen Kosten für das „Andocken" eines Einkäufers an die Auslandsverkaufsniederlassung X verursacht wesentlich niedrigere Kosten als der Aufbau einer eigenen Einkaufsniederlassung. Länderberichte können um Informationen für die Beschaffung ohne allzu großen Kostenzuwachs ergänzt werden.

In Zukunft wird das Argument an Bedeutung gewinnen, daß Verkauf und Einkauf schon allein deshalb nicht mehr so genau getrennt werden können, weil *Absatzkunden* gleichzeitig *Lieferanten* sind. Die horizontale und vertikale Kooperation führen zu intensiveren Vernetzungen als bisher. Die Konzentration auf das core-business führt zu einem intensiven Austausch zwischen Unternehmen. Da kann die Beschaffung nicht mehr ohne den Absatz, der Absatz nicht mehr Beschaffung aktiv werden.

(2) Trennung von Beschaffungsmarketing und Logistik

Es spricht vieles dafür, den planerischen vom physischen Beschaffungsobjektfluß zu trennen. Die Beschaffungsaufgabe konzentriert sich auf das Verhandeln, arbeitet bei vielen unwägbaren Einflüssen selten im exakten Bereich, muß Kompromisse bei vielfältigen Interessen finden. Die Logistik beginnt mit ihren Aktivitäten, nachdem der Abschluß getätigt wurde. In den meisten Fällen ist es noch Aufgabe der Beschaffung, Disposition, Lagerung und Transport zu regeln. Im Rahmen umfassender PPS-Systeme liegt es nahe, die gesamte Disposition und damit auch Lagerung und Transport der steuernden Abteilung zu übertragen.

Denken und Handeln fallen in beiden Bereichen recht unterschiedlich aus. Der Beschaffer versucht in Verhandlungen mit internen Bedarfsträgern und externen Bedarfsbefriedigern (Lieferanten) eher im qualitativen Entscheidungsraum Lösungen zu finden, der Logistiker kennt dagegen eher seine Einflußfaktoren, er verfügt über Lösungsalgorithmen.

(3) Beschaffung als Profit-Center

Nicht nur, wer weltweit agiert, muß prüfen, auf welchem Leistungsstand sich der jeweilige Leistungsbereich befindet, um dann die Leistungserbringung an den besten Leistungsbereich zu vergeben. Auch Unternehmen mit nur einem Standort müssen wissen, wie wirtschaftlich der eigene Beschaffungsbereich ist.

Mehrere Möglichkeit der Leistungsmessung sind bekannt. Im Rahmen der Beschaffungskontrolle wird mit Kennzahlen gearbeitet. Umfangreicher ist das Bemühen beim Benchmarking. Ein Profit-Center kann darüber hinaus eigenverantwortlich entscheiden

– was es selbst für das eigene Unternehmen beschafft,
– was es für andere Unternehmen beschafft,
– was man besser selbst nicht beschafft (→Outsourcing der Beschaffung).

Die Organisation als Profit-Center kann auch als eine Lösung im Streit um zentrale oder dezentrale Beschaffung gesehen werden. Wenn es das zentrale Profit-Center nicht schafft, besser/billiger (bezogen auf den Gesamtprozeß) zu beschaffen als der Unternehmensteil vor Ort, dann kann dieser Teil den Profit für sich verbuchen.

Vorstellbar ist darüber hinaus, daß später aus den rechtlich unselbständigen Profit-Center eine selbständige strategische Geschäftseinheit z.B. in Form eines Beschaffungshandelshauses wird. Dann hat die Dienstleistungsorientierung ihre organisatorische Gestalt gefunden.

(4) Neue Arbeitsteilung

Bei hochkomplexen Beschaffungsobjekten/-systemen kann es ratsam werden, neue berufliche Akzente zu setzen.

Aufgabe des *Bedarfsmanagers* ist es, vorrangig interne Konflikte der Bedarfsentstehung und -formulierung zu lösen. Insbesondere dort, wo in verzweigten Konzernen die Abstimmung zwischen Werken, Konzernteilen, Niederlassungen usw. äußerst schwierig ist, weil die jeweiligen Arbeitsbedingungen stark differieren, dürfte eine Person hilfreich sein, die sich dieser Abstimmungstortur stellt.

Aufgabe des *Lieferantenmanagers* ist es, vorrangig externe Konflikte zu lösen. Die gemeinsam fixierten Beschaffungsbedingungen müssen mit Leben gefüllt werden. Das gelingt nicht automatisch zur Zufriedenheit. Der Lieferantenmanager muß gleichsam als Botschafter des Beschaffers frühzeitig sich anbahnende Probleme erkennen und nach Lösungen streben.

Beides vollzieht sich weitab von der üblichen Schreibtischtätigkeit. Ausgerüstet mit den neuen Kommunikationstechniken befindet sich der jeweilige Manager möglichst immer im Brennpunkt des zu lösenden Konflikts. Dabei muß er für alle erreichbar sein.

Aufgabe des *Informationsmanagers* ist es, die Entscheidungen mit den notwendigen Informationen zu versorgen. Es handelt sich um das weite Feld der professionellen Beschaffungsmarktforschung, die in einem großen Teil der Unternehmen noch nicht etabliert ist. Dabei bedürfen verschiedene Aspekte der besonderen Erwähnung:

– Der *Informationsbedarf* muß, wenn auch nur näherungsweise, geklärt werden. Selbst wenn er auf dem Weg der Informationserhebung vielleicht auch noch interessante Informationen mitnimmt, enthebt das den Informationsmanager nicht der Pflicht, gemeinsam mit denjenigen, die am Projekt beteiligt sind, zu prüfen, wer worüber Informationen benötigt.

– Es muß geklärt werden, *wo* und *wie* die Informationen gewonnen werden sollen. Bezogen auf die gewünschten Informationen muß geklärt werden, wo sie unter den Kriterien Aktualität, Vollständigkeit und Kosten erhältlich sind. Und man muß auch festlegen, welcher Methode man sich bedienen soll. Dazu gehört Methodenbeherrschung.

– Und es muß die *Informationsnutzbarkeit* sichergestellt werden. Der Informationsmanager als aktiver Informationsbeschaffer beweist auch dadurch seine Kompetenz, daß er sowohl ein Informationssystem aufbaut, das den Beteiligten zur Nutzung anregt, als auch zielgerichtet Personen Informationen zur Verfügung stellt, die sie benötigen, aber nicht besitzen.

3. Vorüberlegungen zum Lösungsweg

Zum besseren Verständnis des im Hauptteil (Kap. 4) noch zu beschreibenden Lösungsweges ist es ratsam, einige Vorüberlegungen darüber anzustellen, warum das Konzept so und nicht anders aussieht.

3.1 Beschaffungsmarketing - warum?

Die Denkweise des Marketing unterscheidet sich ganz deutlich von dem, was man in der Materialwirtschaft so denkt und tut. Das hat auch zu höherer Kompetenz im Unternehmen geführt, was sich u. a. in der durchschnittlich höheren Hierarchiestufe widerspiegelt.

Marketing hat seine wesentlichen Wurzeln im Konsumgütermarketing erwerbswirtschaftlich orientierter Unternehmen, also im absatzgerichteten Produktmarketing. Schaut man sich die Begriffe in manchen Lehrbüchern an, so findet man diese Vorstellung auch heute noch. Die Nützlichkeit dieses Gedankengutes erkannte man dann auch im Dienstleistungssektor, und hier zuerst im Banken-, dann im Versicherungs- und erst später im Handelsbereich. Daran schließen sich dann Veröffentlichungen über das Industriegütermarketing an. Bereits frühzeitig findet sich von Kotler (1972) der Hinweis, den Marketinggedanken auszuweiten. Sein Konzept des generischen Marketing führt neben dem Non-Profit-Marketing (z.B. Spendenmarketing) eben auch zum Beschaffungsmarketing (Buying is marketing too, 1972). Das hat auch in Deutschland Spuren hinterlassen. So betonte Raffée (1979): „Durch Tauschakte (Transaktionen) mit den Marktpartnern auf diesen Märkten (Lieferanten, Stellenbewerber, Geldgeber) sichert die Unternehmung die Ressourcen, die für ihre Leistungserstellung und Leistungsverwertung notwendig sind. Da es bei unternehmerischen Beschaffungs- und Absatzaktivitäten eine Reihe ähnlicher Problemstellungen gibt, ist es naheliegend, den Marketinggedanken auch auf die Transaktionen in den jeweiligen Beschaffungsmärkten auszudehnen. Daraus ergeben sich Phänomene wie Beschaffungs-, Personal- und Finanzmarketing.

Marketing kann somit als eine Austauschlehre verstanden werden. Man kann Marketing so umschreiben:
- Marketing konzentriert sich auf das Entdecken und Lösung von (Kunden-) Problemen, also auf die Probleme anderer.
- Marketing befaßt sich mit der Lösung der Probleme anderer, um damit die eigenen Ziele zu verwirklichen.

– Die Zielverwirklichung gelingt um so besser, je mehr man die Probleme anderer in den Mittelpunkt der eigenen Lösungstätigkeit stellt.

Das Beschaffungsmarketing muß sich mit zwei Kundensträngen auseinandersetzen, dem internen Bedarfsträger und dem externen Bedarfsbefriediger (Lieferanten). Das macht die Arbeit des Beschaffungsmarketing schwerer gegenüber dem Absatzmarketing.

Die Betonung der Austauschprozeßgestaltung ist unmittelbar mit der geschilderten Koalitions- sowie Anreiz-Beitrags-Theorie verknüpfbar. Langfristig führt nur eine faire Gestaltung zu befriedigenden Lösungen.

Biergans (1984, S. 93) hat gezeigt, wie man aus generischen Marketinggrundsätzen eine unternehmerische und daraus spezifische absatz- und beschaffungsbezogene Interpretation ableiten kann:

generische Marketinggrundsätze (generisches Marketing) — erwerbswirtschaftliche Konkretisierungen	unternehmensbezogene Interpretationen	absatzwirtschaftliche Interpretationen (Absatzmarketing, klassisches Marketing)	beschaffungswirtschaftliche Interpretationen (Beschaffungsmarketing)
(1) Austauschbeziehungen zwischen mindestens zwei Parteien	Austauschbeziehungen zwischen einem erwerbswirtschaftlichen Unternehmen und seiner marktlichen Umwelt	Austauschbeziehungen zwischen einer Absatzorganisation und einer Nachfrageorganisation	Austauschbeziehungen zwischen einer Beschaffungsorganisation und einer Anbieterorganisation
(2) Austausch von mindestens zwei Wertobjekten (Leistungsobjekten)	Austausch von Unternehmensleistungen und Marktgegenleistungen	Austausch von Angebotsleistungen der Absatzorganisation und Gegenleistungen des Absatzmarktes	Austausch von Nachfrageleistungen der Beschaffungsorganisation und Gegenleistungen des Beschaffungsmarktes
(3) Suche der marketingaktiven Partei nach einer bestimmten Reaktion der anderen Partei	Suche des marketingaktiven Unternehmens nach einer bestimmten Reaktion der marktlichen Umwelt	Suche der marketingaktiven Absatzorganisation nach einer bestimmten Reaktion des Absatzmarktes	Suche der marketingaktiven Beschaffungsorganisation nach einer bestimmten Reaktion des Beschaffungsmarktes
(4) unbestimmte Reaktionswahrscheinlichkeit der anderen Partei	unbestimmte Reaktionswahrscheinlichkeit der marktlichen Umwelt	unbestimmte Reaktionswahrscheinlichkeit des Absatzmarktes	unbestimmte Reaktionswahrscheinlichkeit des Beschaffungsmarktes
(5) Versuch der marketingaktiven Partei, eine intendierte Reaktion (Gegenleistung) der anderen Partei durch Schaffen und Anbieten von Werten (Leistungen) zu bewirken	Versuch des marketingaktiven Unternehmens, eine intendierte Reaktion der marktlichen Umwelt (Marktgegenleistung) durch Schaffen und Anbieten von Werten (Unternehmensleistungen) zu bewirken	Versuch der marketingaktiven Absatzorganisation, eine intendierte Reaktion des Absatzmarktes (Absatzmarktgegenleistung) durch Schaffen und Anbieten von Werten (Angebotsleistungen) zu bewirken	Versuch der marketingaktiven Beschaffungsorganisation, eine intendierte Reaktion des Beschaffungsmarktes (Beschaffungsmarktgegenleistung) durch Schaffen und Anbieten von Werten (Nachfrageleistungen) zu bewirken

Übersicht 9: Marketingkonzeptionen

3.2 Entscheidungsorientierung

In der Betriebswirtschaftslehre kann man unterschiedliche Schwerpunkte wählen. Der eine legt besonderen Wert auf Begründungszusammenhänge, der andere legt Gewicht auf Erklärungszusammenhänge und derjenige, der Betriebswirtschaftslehre als eine *angewandte* Wissenschaft versteht, bemüht sich um Verwendungszusammenhänge. Und das können Entscheidungsprobleme sein.

Entscheidungen lassen sich durch mehrere Merkmale kennzeichnen:
- Es müssen *Alternativen* vorhanden sein, aus denen man auswählen kann; wir werden uns im Hauptkapitel um die Entwicklung eines möglichst großen Alternativenraumes kümmern.
- Zur Auswahl benötigt man *Bewertungsmaßstäbe*. Der grundsätzliche Maßstab ist das ökonomische Prinzip, demzufolge man entweder ein gegebenes Ziel mit möglichst geringem Mitteleinsatz (Minimalprinzip) oder mit gegebenen Mitteleinsatz möglichst viel Output (Maximalprinzip) erreichen möchte. Später werden wir uns ausführlich mit den Zielen befassen.
- Wie Entscheidungen getroffen werden, ist keine rein mathematische Input-Output-Relation. Es hängt von der *Entscheidungssituation* ab, wie entscheiden wird. Es kommt auf die Entscheidungsbedingungen an. Damit werden wir uns gesondert im nächsten Abschnitt befassen.
- Bei Beschaffungsentscheidungen haben wir es im Regelfall mit *Ungewißheit*sproblemen zu tun. Es geht um Aktionen und Reaktionen von Menschen, worüber Prognosen schwierig sind.
- Alternativen interessieren nur insofern, als man sie auch wählen kann (→ *Wahlfreiheit*). Firmeninterne Restriktionen können den Alternativenraum erheblich begrenzen.
- Je nach Organisationsform kann der Wahl*wille* gefördert oder gebremst werden. Hilfreich kann es sein, durch Verantwortungsverlagerung in das Team die Machtpromotorenschaft zu stärken.
- Entscheidungsprobleme im Beschaffungsmarketing sind meist *hochkomplex*, schlecht strukturiert. Viele Operationen mehrerer am Prozeß Beteiligter über längere Zeiträume erschweren die Entscheidungen. Hilfreich für die Denkprozesse und transparenzfördernd ist in solchen Situationen eine Prozeßstruktur, die grob den Entscheidungsablauf abbildet. Durch Zerlegen der Gesamtarbeit in Arbeitsscheiben, die sich sinnvoll ergänzen, wird eine Denkdisziplin für alle Beteiligten geschaffen, die zur Beschleunigung der Arbeit führen kann.

3.3 Wenn-Dann-Entscheidungen

Fragt man einen Praktiker, warum er denn zu dieser oder jener Entscheidung gelangt sei, antwortet der meist, das hänge davon ab, davon usw. Daraus folgt mehreres für den zu wählenden Lösungsweg:

– Wir müssen eine *Vorgehensweise* finden, mit der der Beschaffungsmanager zurecht kommt, die transparent ist, die möglichst objektive Urteile/Entscheidungen zuläßt und die in begrenzter Zeit mit knappen Mitteln gute Ergebnisse erzielt.

– Wir müssen *Wenn-Bedingungen* schaffen, welche der realen Beschaffungssituation näherungsweise entsprechen. Wir müssen die verschiedenen „Das-kommt-darauf-an" so aufbereiten, daß der Beschaffer aus diesem Menü sich für sein Unternehmen geeignete Entscheidungsmerkmale aussuchen kann. Darauf wollen wir im Folgenden eingehen.

– Ebenso wichtig ist die Entwicklung von *Handlungskonsequenzen*. Während die Wenn-Bedingungen generell, d. h. bei allen Stufen des Beschaffungsmarketingprozesses gelten, sind die Handlungskonsequenzen stufenabhängig. Deshalb werden wir sie im Stufenmodell (Kap. 4) darstellen.

Die Ermittlung von Wenn-Bedingungen - im folgenden sprechen wir von Entscheidungsmerkmalen - ist nicht neu.

Wenn wir die aus dem Absatzmarketing von Ansoff (1957) stammende Kunden/Produkt-Matrix erweitern und auf den Beschaffungsbereich übertragen, dann erhalten wir die folgende Einteilung von Entscheidungsoptionen:

Bedarfs-objekte / potentielle Lieferanten/ Märkte	alte, bewährte Lieferanten/ Märkte	angrenzende Lieferanten/ Märkte	neue Lieferanten/ Märkte
alte Bedarfsobjekte	reiner Wiederholungskauf Festigung der Beziehungen	modifizierter Wiederholungskauf Beschaffungsmarkt-erweiterung	Beschaffungsmarkt-variation
modifizierte Bedarfsobjekte	modifizierter Wiederholungskauf ähnliche Bedarfsobjekte auf alten Märkten	Beschaffungsmodifikation (Differenzierung oder Variation)	Beschaffungsmarkt-variation für modifizierte Bedarfsobjekte
neue Bedarfsobjekte	Neukauf auf alten Märkten (reine Beschaffungs-variation)	Beschaffungsvariation unter Beachtung angrenzender Lieferanten	Beschaffungs-innovation

Übersicht 10: Produkte-Märkte-Matrix

Es werden in dieser Klassifikation bereits strategische Schwerpunkte angedeutet. Diese Entscheidungsmerkmale haben allerdings einen zu engen Entscheidungsfeldbezug - die Marktkomponente. Wir müssen uns demgegenüber um Merkmale bemühen, die den gesamten Entscheidungsprozeß beeinflussen.

Einen ersten Schritt in die richtige Richtung hat Kraljic (1977) vorgeschlagen. Anhand zweier Merkmale hat er vier unterschiedliche Produkttypen gebildet:

Gewinneinfluß / Beschaffungsrisiko	hoch	gering
hoch	strategische Produkte	Engpaß - produkte
gering	Schlüssel - produkte	Normal - produkte

Übersicht 11: Gewinn-/Risikomatrix

Aus dieser Einteilung zieht Kraljic Konsequenzen für die zu erledigenden Aufgaben und die zu gewinnenden Informationen. Diese grobe Struktur reicht für ein durchgängiges Entscheidungssystem nicht aus.

Mit Scherer (1991) haben wir ein umfangreiches Merkmalssystem entwickelt. Es ist zweistufig aufgebaut. Wir unterscheiden
- konstitutive,
- akzessorische Merkmale.

Den Ausgangspunkt zur Kategorisierung der Entscheidungssituation bilden immer die konstitutiven Merkmale. Jedes Beschaffungsobjekt muß zuerst hierin eingeordnet werden. Nach den Kriterien Menge, Innovationshöhe, Leistungsumfang arbeiten wir mit den folgenden Merkmalen:
- Einzelprodukt,
- Normprodukt,
- bewährtes Produkt,
- innovatives Produkt,
- Spitzenprodukt,
- Billigprodukt,
- beschafferspezifisches Produkt

Mit dem Einzelprodukt erfassen wir Beschaffungsobjekte, die einzeln oder in geringer Stückzahl (z.B. Anlagengegenstände) beschafft werden. Normprodukte sind inner- oder zwischenbetrieblich vereinheitlicht (z.B. commodities). Bewährte Produkte werden schon seit langem eingekauft, sie werden auch in neue Produkte eingesetzt. Demgegenüber weisen innovative Produkte einen hohen Neuigkeitsgrad auf; sie sind mit Risiken verbunden. Spitzenprodukte verfügen über ein besonders hohes Leistungsniveau, während bei Billigprodukten durch die untere Leistungsgrenze niedrige Preise ermöglicht werden. Beschafferspezifische Produkte werden speziell für den Beschaffer gefertigt.

Nach der Wahl eines dieser Merkmale können weitere akzessorische hinzugefügt werden. Sie ergänzen die bisherige Handlungssituation. Wir wählen aus der großen Fülle möglicher die folgenden Merkmale aus:

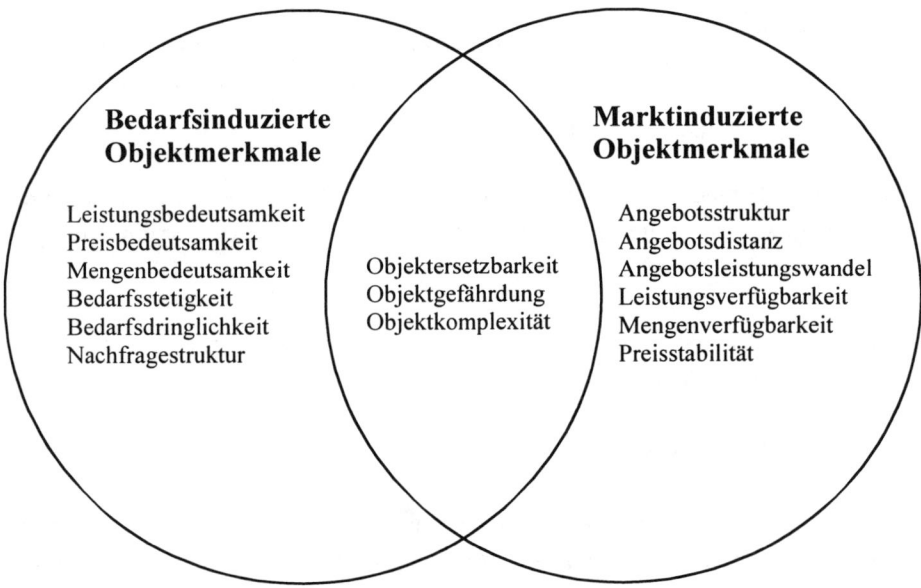

Bedarfsinduzierte Objektmerkmale

Leistungsbedeutsamkeit
Preisbedeutsamkeit
Mengenbedeutsamkeit
Bedarfsstetigkeit
Bedarfsdringlichkeit
Nachfragestruktur

Objektersetzbarkeit
Objektgefährdung
Objektkomplexität

Marktinduzierte Objektmerkmale

Angebotsstruktur
Angebotsdistanz
Angebotsleistungswandel
Leistungsverfügbarkeit
Mengenverfügbarkeit
Preisstabilität

Übersicht 12: Akzessorische Entscheidungsmerkmale

Hohe *Leistungsbedeutsamkeit* charakterisiert den starken Einfluß des Beschaffungsobjektes auf die Endleistung des Produktes. Hohe *Preisbedeutsamkeit* heißt, daß der Preis des Beschaffungsobjektes den Endpreis infolge eigener Preishöhe stark beeinflußt. Hohe *Mengenbedeutsamkeit* erfaßt den hohen Mengenanteil des Beschaffungsobjektes pro Beschaffungsperiode. Hohe *Bedarfsstetigkeit* rekurriert auf die XYZ-Analyse und erfaßt die kontinuierlich gleichbleibende Menge, die X-Komponente also.

Hohe *Bedarfsdringlichkeit* resultiert aus unvorhergesehenen Beschaffungssituationen und den Kosten der Zuspätlieferung. Die *Nachfragestruktur* kann konzentriert (hoher eigener Beschaffungsmarktanteil) oder konkurrent (geringer eigener Beschaffungsmarktanteil) sein. Dem steht die konzentrierte bzw. konkurrente Angebotsstruktur gegenüber. Hohe *Angebotsdistanz* meint die große Entfernung zum Lieferanten (internationaler Einkauf). Ein hoher *Angebotsleistungswandel* erstreckt sich auf die schnelle Leistungsänderung der Beschaffungsobjekte. In Abhängigkeit von den geforderten Leistungen ist nicht immer eine hohe *Leistungsverfügbarkeit* zu erwarten. Produktionsengpässe wie auch ein Nachfrageboom können die hohe *Mengenverfügbarkeit* reduzieren. Für die eigene Kostenplanung ist eine hohe *Preisstabilität* nötig; wodurch sie gestört werden kann, ist bekannt.

Zwischen diesen bedarfs- und marktinduzierten Merkmalen liegen die folgenden objektbezogenen: Die *Objektersetzbarkeit* erfaßt die Substitutionsmöglichkeit eines Beschaffungsobjektes durch ein anderes. Eine hohe *Objektgefährdung* erstreckt sich zum einen auf die Empfindlichkeit und zum anderen auf die Gefährlichkeit des Beschaffungsobjektes. Ein *hochkomplexes* Produkt kann sowohl durch die Herstellung als auch durch die Verwendung bedingt so eingeordnet werden.

Aus diesem Fundus von Entscheidungsmerkmalen wird man in der konkreten Entscheidungssituation eines Unternehmens:
- diejenigen auswählen, die im Entscheidungsrahmen liegen,
- anhand dieser das konkrete Beschaffungsobjekt bewerten,
- die ausgewählten Entscheidungsmerkmale nach ihrer einzelfallspezifischen Bedeutung hierarchisieren
- und dann diesen Entscheidungsmerkmalen die passenden Handlungsalternativen zuordnen.

Wir erhalten Übersichten der folgenden Entscheidungstruktur:

Bedingung (Wenn-Komponente) / Handlung (Dann-Komponente)	Einzelprodukt	Billigprodukt	Spitzenprodukt	Normprodukt	bewährtes Produkt	innovatives Produkt	beschafferspezifisches Produkt	Mengenbedeutsamkeit (hoch)	Leistungsbedeutsamkeit (hoch)	Preisbedeutsamkeit (hoch)	Leistungsverfügbarkeit (gering)	usw.
Hierarchisierung		1						2				
.... Bedarf - Bedarfsanforderungen												

Übersicht 13: An spezifischen Entscheidungsmerkmalen orientiertes Handeln

Daraus leiten wir in den jeweiligen Entscheidungsphasen entscheidungsunterstützende Matrizen ab.

Mehrere Vorteile sind mit dieser Vorgehensweise verbunden:

1) Der Lieferant wird nicht generell einem allgemein anerkannten Bewertungsaudit unterzogen, sondern man prüft jeweils objektspezifisch. Damit gelingt eine konkretere Lieferantenbewertung. Möglicherweise wird damit ein ursprünglich ungeeigneter Lieferant doch interessant.

2) Hat man einmal einen Durchlauf der Wenn-Bedingungen zu den Dann-Handlungen vorgenommen, läßt sich dies in einem Computerprogramm festhalten.

3) Dieses Programm kann bei Situationsgleichheit in kurzer Zeit eine Handlungsempfehlung für die neue Situation in systematischer Form ausdrucken.

4) Dieser Handlungsrahmen erleichtert das schnelle Finden systematischer Entscheidungen.

5) Der Computerausdruck ist, versehen mit den begründeten Handlungsabweichungen, gleichzeitig ein transparentes Protokoll. Wir heben die Entscheidungen aus dem Nebel des Intuitiv-Richtigen in das Licht des Nachprüfbaren.

6) Protokolle dienen nicht nur der eigenen Rechtfertigung des Handelnden; andere können leichter meine Aufgaben übernehmen.

4. Der Beschaffungsmarketingprozeß als Lösung

Als Übersicht wollen wir das Prozeßmodell voranstellen, um dann nachfolgend die einzelnen Prozeßstufen zu erläutern:

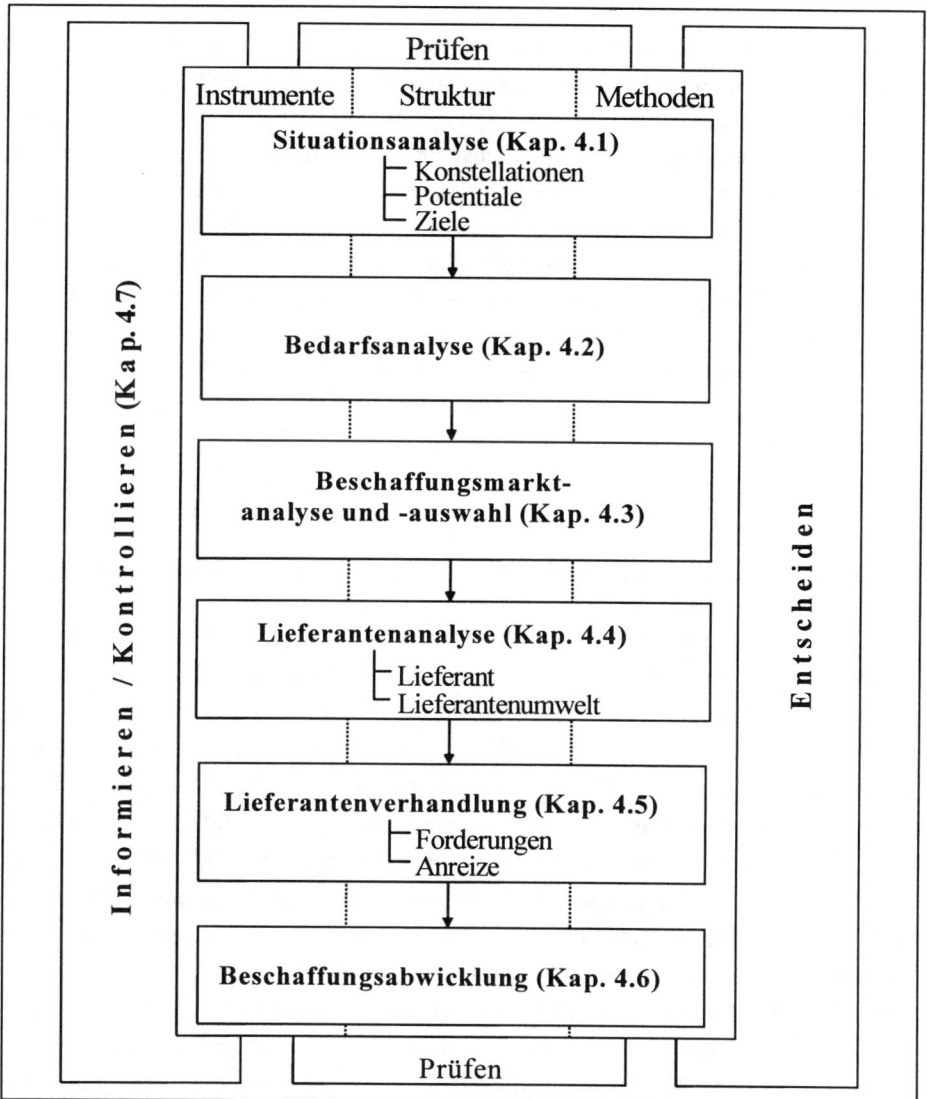

Übersicht 14: Das Beschaffungsmarketing-Modell der Industrie

Wir konzentrieren uns auf die industrielle Sicht. Im Handel ist die Grundidee zwar gleich, es sind jedoch Spezifizierungen nötig.

4.1 Situationsanalyse

Bevor mit der wichtigen Bedarfsanalyse begonnen werden kann, muß geklärt werden, vor welchem Entscheidungshintergrund man sich befindet.

(1) Zuerst geht es darum zu überlegen, was einem Unternehmen drohen kann, welche Konstellationen den Handlungshintergrund bilden können. Ein solches Konstellationsraster wollen wir entwickeln. Dazu gehört aber auch die Frage, wie man denn möglichst frühzeitig durch Entwicklung eines Frühwarnsystems sich abzeichnende Konstellationen ermittelt, um die geeigneten Handlungswege einzuschlagen.

(2) Die Handlungswege erhalten dann durch Ziele und Strategien ihre Richtung. Die Ergebnisse der betriebswirtschaftlichen Zielforschung lassen sich hier nutzen.

(3) Konstellationen (was ist) und Ziele (was sein soll) müssen an den Potentialen, an den maximalen Unternehmensmöglichkeiten gespiegelt werden. Für die Praxis ist es irrelevant, Pläne zu entwickeln, die nicht realisiert werden können, weil die dazu notwendigen Potentiale nicht vorhanden sind und auch nicht geschaffen werden können.

4.11 Beschaffungskonstellationen bestimmen den Handlungsrahmen

Beschaffungskonstellationen sind Gegebenheiten, Zustände, die das Beschaffungshandeln beeinflussen. Diese Zustände können Chancen und vor allem Risiken in sich bergen. Mit diesen Zuständen kann man plötzlich, überraschend konfrontiert werden (z.B. plötzlicher Nachfrageeinbruch), es sind aber auch schleichende, sich langsam abspielende Prozesse denkbar (z.B. Qualitätsverschlechterungen des Lieferanten). Neben diesen Zustandsrisiken kennen wir auch Zustandschancen (z.B. plötzliches Marktüberangebot). Den meisten Zuständen kann man sich nur anpassen (z.B. Streik), man muß folglich reaktive Anpassungspläne bereitstellen. Die interessanteren Zustände sind allerdings diejenigen, die man selbst schaffen oder verhindern kann (z.B. präventive Maßnahmen zur Verhinderung von Lieferunwilligkeit).

Systemtheoretisch ausgedrückt heißt dies, daß die durch die Störgröße Beschaffungskonstellation hervorgerufenen Ungleichgewichte durch den Regler Beschaffer mit Hilfe des Einsatzes spezifischer beschaffungspolitischer Instrumente als Stellgröße wiederum in eine neue Stabilität überführt werden.

Man kann die Beschaffungskonstellationen wie folgt gliedern:

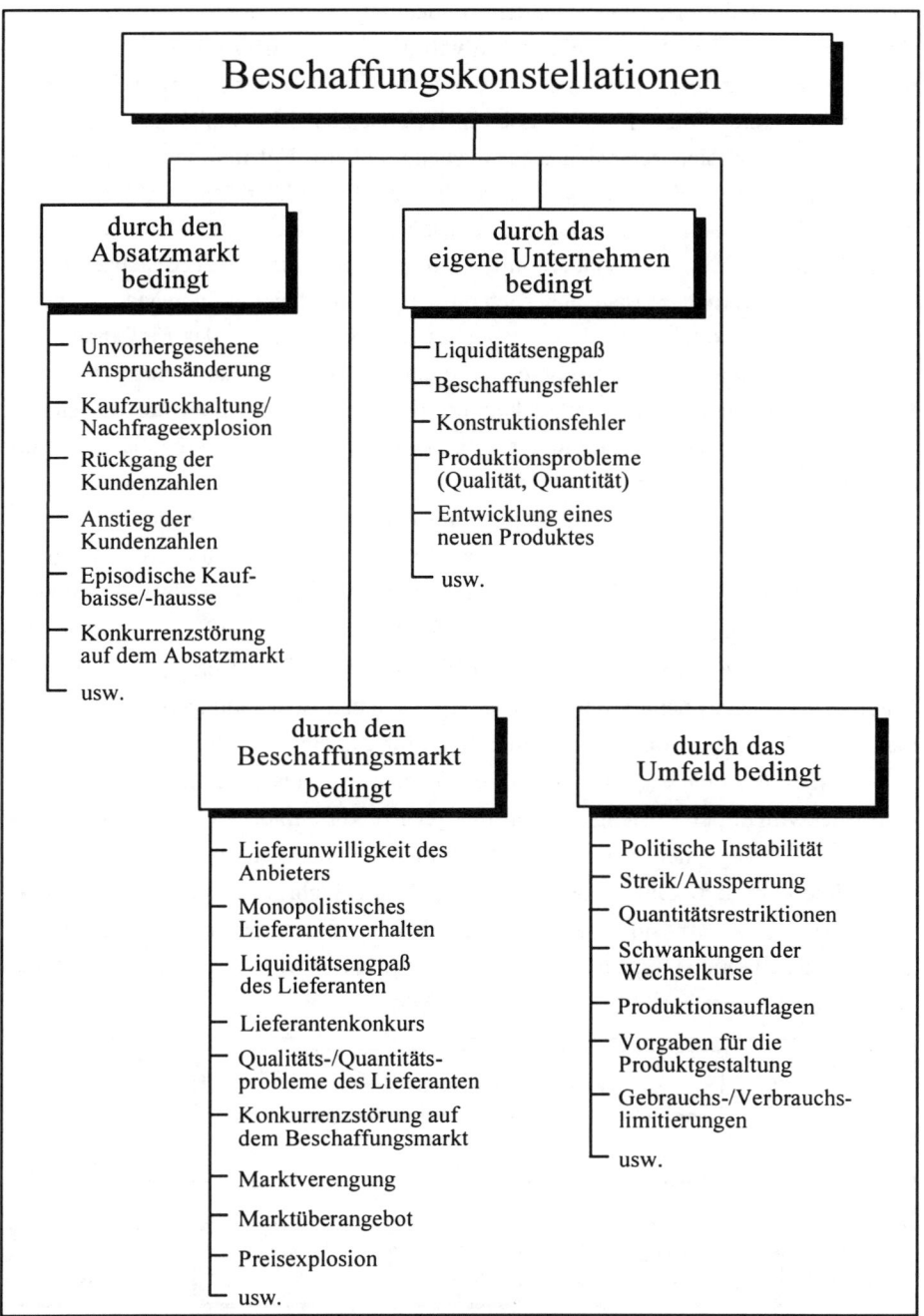

Übersicht 15: Wichtige Beschaffungskonstellationen

Für das Beschaffungsmarketing sind vor allem die durch den Beschaffungsmarkt induzierten Konstellationen von besonderer Bedeutung.

Ein möglicher Lieferant, der nicht liefern will, wird seine Gründe haben. Hat er interessantere Kunden gewonnen? Bietet man ihm zu wenig? Hat man ihn in der Vergangenheit verärgert? Diese Fragen lassen sich fortsetzen. Monopolistisches Lieferantenverhalten kann sich verschieden unangenehm äußern. Hat man zu dieser Position selbst beigetragen, z.B. durch aggressive Preisdruckpolitik? Kann man Gegenmacht bilden? Oder kann man durch Beschaffungsobjektsubstitution die Marktverhältnisse ändern? Das vielfach, insbesondere in der Automobilindustrie, zu beobachtende rigorose Preisdrückverhalten, trägt sicherlich mit zur Monopolisierung von Märkten bei.

Dieses Verhalten kann in der Übergangsphase zur Schwächung des Lieferanten führen, beginnend mit Liquiditätsproblemen, dann mit Qualitäts- und Quantitätsproblemen und schließlich im Lieferantenkonkurs enden. Das muß nicht nur am eigenen Verhalten liegen, auch der Lieferant kann Fehler machen. Fehlerbeobachtung und Fehlerprophylaxe sind dann notwendig.

Auch auf dem Beschaffungsmarkt können uns Konkurrenten ins Gehege kommen. Sie können für den Lieferanten interessantere Strategien oder Instrumente wählen, sie können mehr bieten oder schneller agieren bzw. reagieren. Dies macht sich vor allem bei Marktverengungen bemerkbar. Naturprodukte, zu Spekulationen geeignete Warenbörsenprodukte (z.B. Silber), aber auch technische "Jedermannprodukte" (z.B. Chips, Steuerungen) neigen hin und wieder zu solchen Erscheinungen. Dazu gehören dann auch Preisexplosionen. Wenn in einigen für das eigene Unternehmen wichtigen Rohstoffmärkten Preisbaissen durch Überangebote eintreten, dann muß man sich aus dem Blickwinkel der Kostengleichheit mit der Konkurrenz die Frage stellen, ob man die günstige Gelegenheit wahrnimmt. Wenn man sich dann erst um die Erhöhung der Kreditlinie kümmert, kann es bereits zu spät für die Wahrnehmung dieses Sonderangebotes sein. Preisexplosionen kann man durch Warentermingeschäfte begegnen.

Diese Konstellationen haben *Auswirkungen*, die wir vermeiden oder aktiv nutzen wollen. Das können sein:

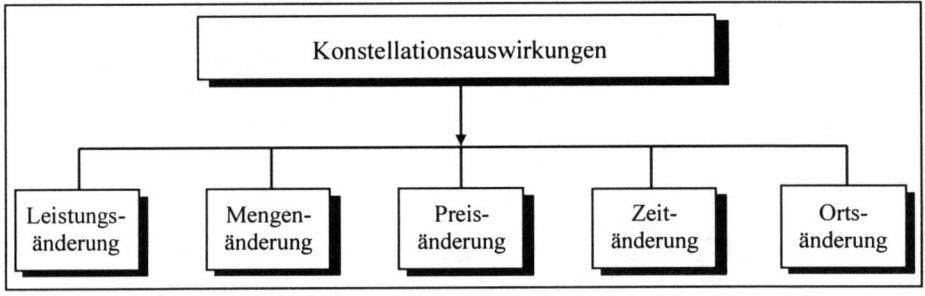

Übersicht 16: Konstellationsauswirkungen

(1) *Leistungsänderungen* können in Steigerungen, Reduktionen oder in neuen Leistungen liegen (mehr, weniger, anders). Zu den unerwünschten Fällen gehören die Leistungsreduktionen dann, wenn sie mit den eigenen Forderungen nicht übereinstimmen. Leistungssteigerungen können, wenn sie von allen Unternehmen genutzt werden, zur Anhebung des Leistungsniveaus einer ganzen Branche führen. Der erste, der sie nutzt, kann bei Geschick temporäre Pioniergewinne einstreichen. Neue Leistungen sind Auswirkungen geänderter Kundenansprüche, die sich in neuen Produkten/Modalitäten niederschlagen. Der Neukauf verursacht den höchsten Beschaffungsaufwand. Deshalb stellen wir ihn in den Mittelpunkt unserer Überlegungen.

(2) *Mengenänderungen* zeigen nur die beiden Pole mehr - weniger. Beide Konstellationsauswirkungen können unangenehm sein. Erhält man weniger, als man benötigt, dann kann das zu Produktionsstillständen führen. Partiell läßt sich das mit Nachrüsten auffangen. Je wichtiger das Beschaffungsobjekt jedoch für das Produkt ist, je komplizierter es einbaubar ist, um so weniger hilft dieser Ausweg. Noch schlimmer dürfte es sein, wenn die Menge bei Ausgangsmaterialien (z. B. Blech) nicht ausreicht. Auch in Nachfrageboomzeiten kommt dann die Beschaffung ins Schwitzen.
Ähnlich unwohl fühlt sie sich in Umschwungzeiten, wenn der Absatz einbricht, wenn die geplanten Absatzmengen ständig nach unten korrigiert werden müssen. Wenn sich dann der Lieferant beispielsweise auf ein spezifisches Bestellrhythmusverfahren (der Planungszeitraum wird in unterschiedlich lange Phasen eingeteilt und die Mengenplanung zunehmend verbindlicher) eingelassen hat, dann kann er bereits Mengen produziert haben, die man gar nicht mehr benötigt. Hier können sich Lagerreichweiten, bezogen auf die jetzige Bedarfsmenge, von mehreren Jahren "auftürmen". Wer trägt dann die Kosten? Wann wird was bezahlt? Das absatzmarktbedingte Auseinanderklaffen von produzierten und benötigen Mengen sorgt nicht nur für Mißhelligkeiten, sondern auch für Erschütterungen in der Unternehmensbasis. Und dies trifft manchmal gerade die innovativen, aber eben nicht kapitalstarken Unternehmen des Mittelstands, auf die man wegen ihrer Flexibilität so großen Wert legt.

(3) *Preisänderungen* haben ebenfalls nur die beiden Alternativen höher - niedriger. Höhere Preise als Kostenbestandteile müssen nicht automatisch unangenehme Auswirkungen haben. Zum einen hängt das davon ab, ob man diese Kostensteigerung durch eine eigene Preissteigerung ohne Nachfragerückgang weitergeben kann. Zweitens wird die Intensität des Unangenehmen davon beeinflußt, wie plötzlich die Preiserhöhung eintritt - das reduziert den Handlungsraum. Und drittens ist natürlich das Steigerungsmaß entscheidend. Starke Preiserhöhungen (Preisexplosionen) können dazu führen, daß man sich im Falle einer nur mäßigen eigenen Preiserhöhungsmöglichkeit mit diesem Produkt aus dem Markt verabschieden muß.

Sinkende Preise werden dagegen eher mit freundlicher Aufmerksamkeit beobachtet. Dies spielt vor allem bei commodities, die man auf Weltmärkten kauft, eine Rolle. Mehreres ist zu bedenken. Der erste, der den niedrigeren Preis verursachungsgerecht in seiner Kalkulation berücksichtigen kann, hat Start-Vorteile. Ein anderer hat vielleicht noch Bestände und muß diese nach dem Niederstwertprinzip abwerten - er hat also zusätzliche Kosten.

Sehr schnell wird dann im Absatz die Möglichkeit der Preisreduktion genutzt, um den eigenen Marktanteil auszuweiten. Das muß nicht klug sein. Es hängt von der Konkurrenzintensität innerhalb einer Branche ab, wie lange diese Kostenvorteile genutzt werden können.

Dann stellt sich die Frage, ob man immer verkaufssynchron beschafft und damit in eine Schieflage bei irgendwann wieder mehr oder minder steil ansteigenden Preisen gerät. Soll man bei Baisse-Preisen ein Vorratslager anlegen? Und wann ist der Tiefpunkt erreicht? Man kann sich natürlich auch um Sicherungen über Termingeschäfte bemühen. Termingeschäfte sind für beide Preisentwicklungen möglich. Hier ist ein spekulatives Element vorhanden.

(4) *Zeitänderungen* interessieren ebenfalls in beiden Richtungen. Dort, wo produktionssynchron oder verkaufssynchron beschafft wird, stören schon geringste Zeitabweichungen. Hier ist frühzeitiges Beliefern ebenso unerwünscht wie verspätetes. Dabei ist es relativ gleichgültig, ob dies durch einen Streik am Brenner, eine verstopfte Autobahn oder einen Bestellfehler geschah.

Nicht immer muß die vorzeitige Lieferung nachteilig sein. Im Anlagenbau, bei der Lieferung von Werkzeugen, Prototypen oder ähnlichem kann dies sogar erwünscht sein, weil die darauf aufbauenden Tätigkeiten vorgezogen werden können.

(5) *Ortsveränderungen* spielen eher eine Randerscheinung. Durch politische Veränderungen können Märkte geschlossen werden. Bei international tätigen Lieferanten können die Beschaffungsobjekte von verschiedenen Produktionsstätten kommen. Das kann dann zu Leistungs- oder Qualitätsstörungen führen. Ähnlich unliebsam sind Fehlplanungen der Lieferanten oder des Beschaffers hinsichtlich des Lieferortes. Unterschiedliche Lieferorte eines Lieferanten erhöhen die Liefersicherheit. So lassen sich Mengensteigerungen auffangen, streikbedingte Lieferausfälle ausgleichen usw.

Mit diesen Auswirkungen lassen sich nun die erläuterten Beschaffungsmarktkonstellationen verbinden. So erhält man einen Überblick, mit welchen Konsequenzen man rechnen muß. Wie die folgende Übersicht zeigt, sind bei einer Konstellation meist mehrere Auswirkungen wahrscheinlich:

Beschaffungsmarktkonstellationen \ Konstellationsauswirkungen	Leistungsänderung	Mengenänderung	Preisänderung	Zeitänderung	Ortsänderung
Lieferunwilligkeit	X	X		X	
monopol. Lieferantenverhalten	X	X	X	X	
Liquiditätsengpaß des Lieferanten	X	X	X	X	
Lieferantenkonkurs		X		X	X
Qualitätsproblem des Lieferanten	X				
Quantitätsproblem des Lieferanten		X		X	
Konkurrenzstörung durch Beschaffer		X	X	X	
Marktverengung		X	X		
Marktüberangebot		X	X		
Preisexplosion		X	X		

Übersicht 17: Auswirkungen von Beschaffungsmarktkonstellationen

Das mag theoretisch ja einsichtig sein. In der jeweiligen Entscheidungssituation interessieren aber nur spezifische Auswirkungen, so daß auch nur besondere Konstellationen bedeutsam sind. Das zeigt die folgende Übersicht:

Auswirkungen \ Entscheidungsmerkmale	Einzelprodukt	Billigprodukt	Spitzenprodukt	Normprodukt	bewährtes Produkt	innovatives Produkt	beschafferspezifisches Produkt	usw.
Leistungsänderung	X		X			X	X	
Mengenänderung	X	(X)	X			X	X	
Preisänderung		(X)			(X)		X	
Zeitänderung	X	X	X	(X)	X	X	X	
Ortsänderung	X	X	X	(X)	X	X	X	

Übersicht 18: Merkmalsspezifische Konstellationsauswirkungen

36

4.12 Ziele bestimmen die Handlungsrichtung

Wir wollen von folgendem Zusammenhang ausgehen:

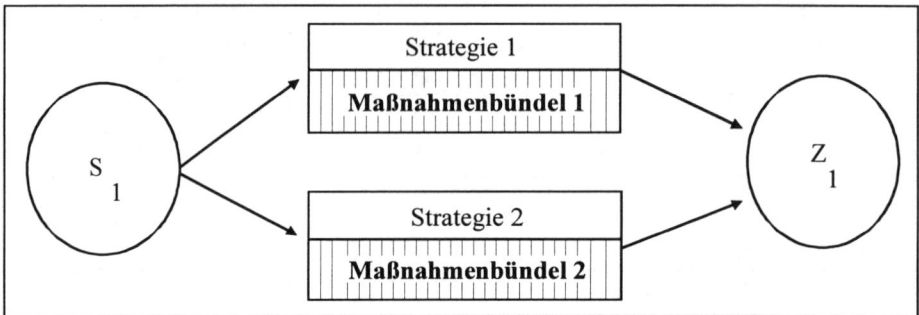

Übersicht 19: Zum Zusammenhang zwischen Zielen, Strategien und Maßnahmen

Ausgehend von einer unternehmensspezifischen Situation S_1, beschrieben durch Konstellationen und Potentiale, soll ein bestimmtes Ziel Z_1 erreicht werden. Man kann nun verschiedene Wege beschreiten, um dieses Ziel zu erreichen. Während die Strategie 1 z. B. als global sourcing definiert werden kann, kann die Strategie 2 als modular sourcing überschrieben sein. Die Strategie gibt den grundsätzlichen Tätigkeitsschwerpunkt an, der das Handeln als Klammer, als verbindendes Glied bestimmen soll. Diese Strategie muß nun inhaltlich so ausgefüllt werden, daß man mit ihr auch das Ziel erreicht. Dies geschieht durch die Auswahl und Kombination strategieadäquater Maßnahmen zu einem spezifischen Maßnahmenbündel (Beschaffungsmarketing-Mix). Um Zielkonflikte zu vermeiden, wählen wir eine Zielstruktur, die gleichzeitig die Handlungsbreite deutlich macht.

(1) Basisziele

Mit den Basiszielen wollen wir die Unternehmensziele erfassen, welche die Gesamtheit unternehmerischen Handelns bestimmen sollen. Sie haben grundsätzliche Bedeutung. Sie sind Vorgaben für alle Funktionsbereiche im Unternehmen. Sie liegen allen Plänen zugrunde. Basisziele haben meist langfristige Gültigkeit. Es ist kaum möglich, sie ständig zu ändern, da sich aus ihnen ja die verschiedenen Ziele auf den nachfolgenden Ebenen ableiten. Ein ständiger Wechsel würde die Unternehmensplanung und die darauf aufbauende Teilplanung überfordern und das Hauptaugenmerk auf die Zielanpassung statt auf die Zielverwirklichung richten. Wir gehen von folgender Gruppierung von Basiszielen aus (Meyer 1986, S. 64 ff.):

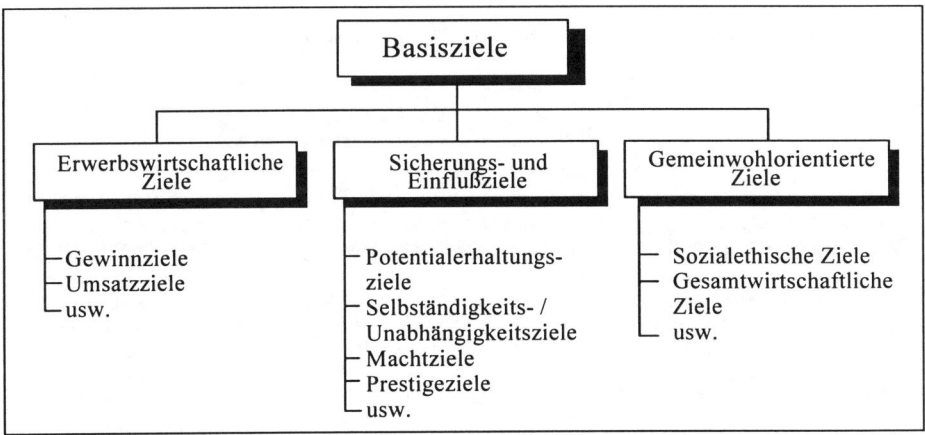

Übersicht 20: Einige Basisziele

Im Mittelpunkt stehen die erwerbswirtschaftlichen Ziele, während die gemeinwohlorientierten allenfalls als Nebenbedingungen vorkommen. In besonderen Situationen (z. B. mittelständischer Familienbetrieb) können auch die Sicherungsziele dominieren. Wichtig ist immer, daß das jeweilige Basisziel so konkret wie möglich benannt und weitere Basisziele als Nebenbedingungen hinzugefügt werden. Daraus leiten wir Ziele für Funktionsbereiche ab.

(2) Beschaffungsziele

Die Basisziele dienen als Leitlinie für die Ziele, die sich daraus in den jeweiligen Funktionsbereichen ergeben. Man kann die verschiedensten Funktionsziele zusammenstellen, die Literatur ist hilfreich. Da uns aber weniger die Nennung von Zielen, sondern mehr der entscheidungsbezogene Umgang damit interessiert, müssen wir bei der Zielformulierung Wert auf ein möglichst homogenes Abstraktionsniveau legen. Dies erleichtert uns dann sowohl die intra- wie auch die interfunktionale Kompatibilitätsprüfung; Konflikte müssen sowohl beschaffungsintern wie auch mit anderen Funktionsbereichen harmonisch lösbar sein. Wenn beispielsweise die eigenen Produkte im Vergleich zu ähnlich guten Konkurrenzprodukten zu teuer sind, dann kann man sich Gedanken darüber machen, ob man in allen Funktionsbereichen die Kosten senkt, ob man durch Leistungssteigerung und damit verbunden durch Kostensteigerung in einem Bereich (z.B. Beschaffung) eine insgesamt größere Kostensenkung in einem anderen Bereich (z.B. Produktion) erzielt oder ob man eine deutlich bemerkbare Steigerung der Absatzqualität bei nur geringfügigem Kostenanstieg erreicht unter gleichzeitiger Realisierbarkeit einer überproportionalen Preissteigerung.

38

Wir wollen von folgender durchgängiger Funktionszielstruktur ausgehen:

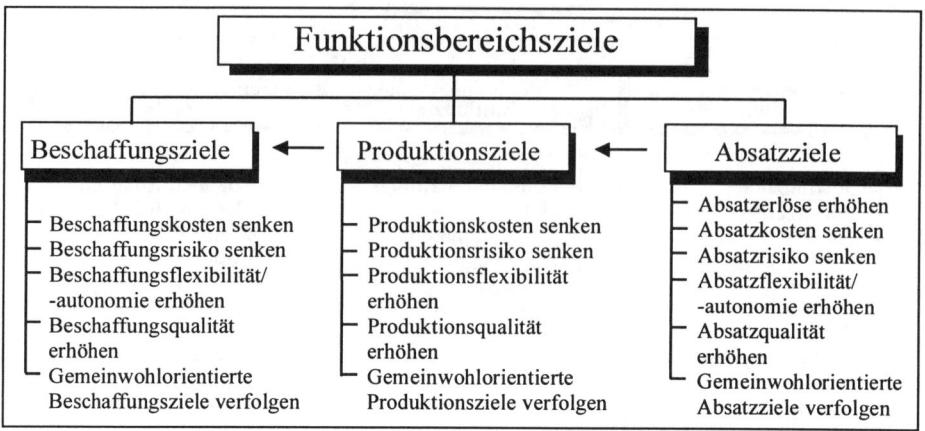

Übersicht 21: Einige Funktionsbereichsziele

Die Senkung der *Beschaffungskosten* steht heute meist im Mittelpunkt des Interesses. Dabei geht es nicht nur um die Senkung der Beschaffungsobjektkosten (Preissenkung) sondern auch um die Senkung der Beschaffungs*prozeß*kosten (Kosten der Beschaffungsmarktforschung, der Bedarfsfeststellung, Lieferantensuche und -verhandlung, Bestellabwicklung, Buchhaltung, Lagerung und Transport, Entsorgung, Kontrolle).

Die Steigerung der *Beschaffungsqualität* kann sich ebenfalls auf mehrere Aspekte erstrecken. Im Prinzip handelt es sich darum, daß die erhaltenen Leistungen den geäußerten Bedarfen (Anforderung) genügen. Das kann sich allgemein in einer höherer Leistungskonstanz oder in einer spezifischen Leistungssteigerung niederschlagen. Die Leistungen selbst weisen eine Objektkomponente (Gestaltungsmittelleistungen und Menge) und eine Modalitätskomponente (Lieferzeit, -ort, -service, Kommunikation, Entgelt) auf.

Das *Beschaffungsrisiko* erfaßt die Nichterhältlichkeit der vereinbarten Leistungen. Den Übergang zur Beschaffungsqualität ist naturgemäß fließend. Im wesentlichen beeinflussen umfeldbedingte Konstellationen (s. Übersicht 15) das Risiko.

Die Steigerung der *Beschaffungsflexibilität* soll zukünftige Handlungsspielräume vergrößern. Damit erstreckt sich das Ziel ebenfalls auf Objektaspekte (Leistungs-/Mengenänderung) und Modalitätsaspekte (Zeit, Ort, Service, Entgelt, Kommunikation). Je schwieriger die Absatzprognose ist, um so gewichtiger wird dieses Beschaffungsziel, um sich den jeweiligen Marktbedingungen kosten- und leistungsoptimal anpassen zu können.

Gemeinwohlorientierte Beschaffungsziele können als Nebenbedingungen (z.B. Einkaufsoffensive Ost) eine Rolle spielen.

(3) Instrumentalziele

Aus den noch sehr allgemeinen Beschaffungszielen lassen sich wesentlich konkretere auf Beschaffungsinstrumente bezogene Ziele ableiten. Es handelt sich um noch konkretere Vorgaben für die im Beschaffungsbereich Tätigen. Einige seien erwähnt. Sie sollen, da selbsterklärlich, nicht weiter erläutert werden:

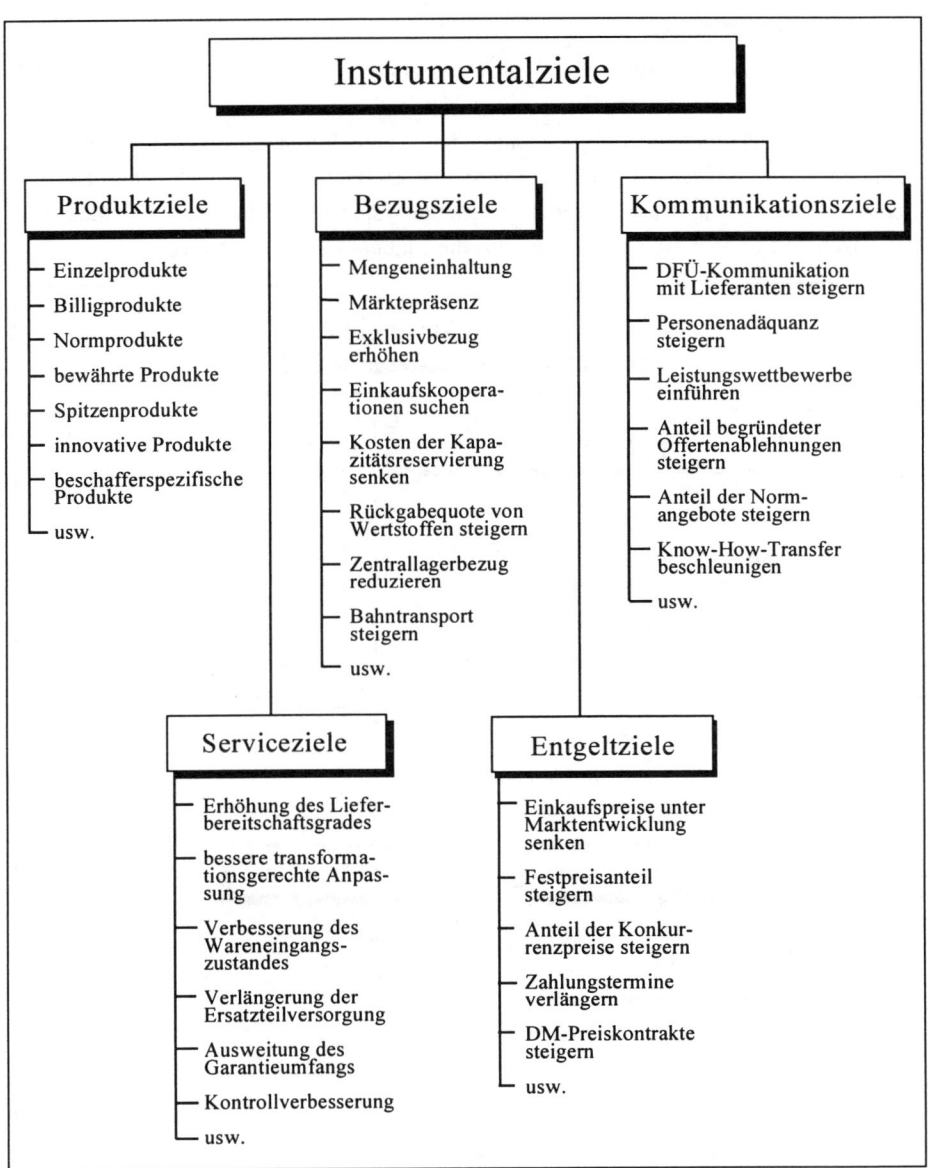

Übersicht 22: Einige Instrumentalziele der Beschaffung

40

Damit steht eine große Fülle von Alternativen zur Verfügung, aus denen man je nach vorgegebenem Basis- und Beschaffungsziel auswählen kann. Wählt man mehrere Instrumentalziele, dann muß die Kompatibilität geprüft werden.

Es dürfte aufgefallen sein, daß die Produktziele mit den dominanten Entscheidungsmerkmalen identisch sind.

(4) Beschaffungsstrategien

Nun geht es um die Prüfung des Weges, der zur Zielerreichung führen soll. Welche beschaffungsstrategischen Optionen bieten sich an?

Wenn wir Strategien als Maßnahmenbündel zur Zielerreichung beschrieben haben, können wir uns jetzt zwecks Gliederung an den Zielen oder an den Maßnahmen orientieren. Da der Maßnahmenkatalog (Instrumentalsystem) auf relativ gut abgesichertem, empirischem Fundament ruht, wählen wir die Maßnahmenorientierung:

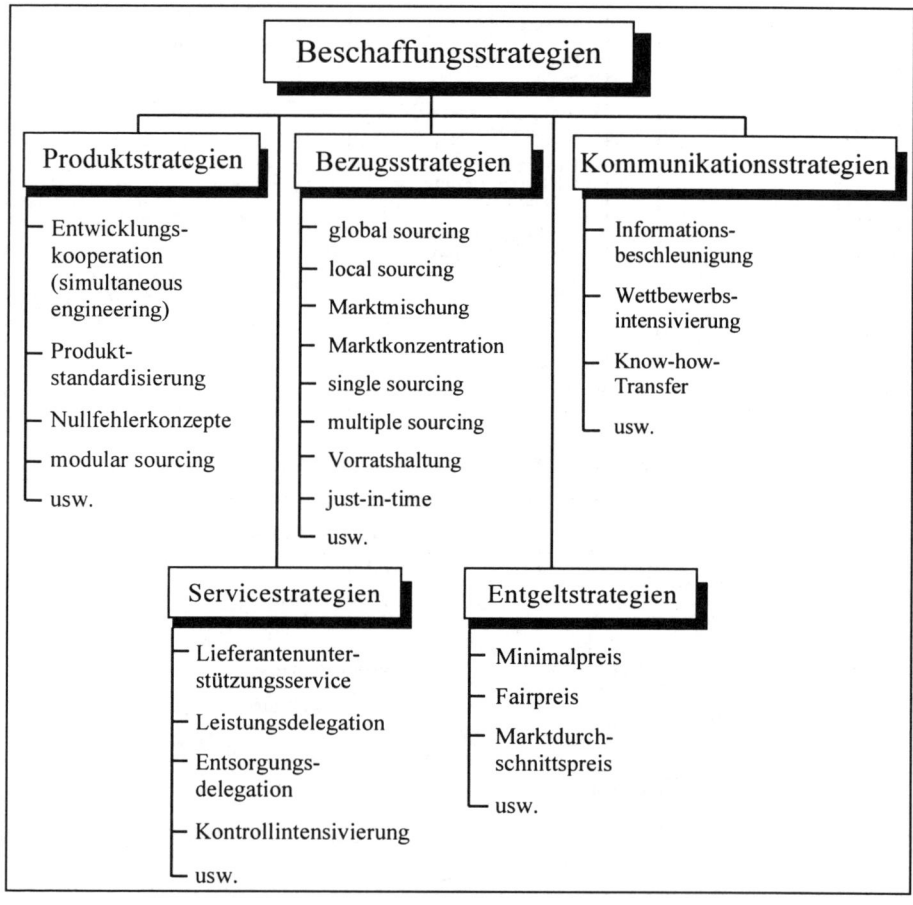

Übersicht 23: Einige Beschaffungsstrategien

Die in der Praxis meist genannten Strategien entstammen dem Feld der Bezugs- und Produktstrategien. Da diese Strategien bekannt sind, müssen sie nicht erläutert werden. Wichtiger dürfte sein, entscheidungsorientierte Zusammenhänge deutlich zu machen. Die folgende Übersicht zeigt Zusammenhänge zwischen den Beschaffungszielen und einzelnen Strategien. Es wird offenkundig, welche Strategien sich zur Erfüllung welcher Beschaffungsziele eignen:

Strategien / Ziele	Kosten	Leistung	Flexibilität	Risiko
Produkt Entwicklungskooperation	X	X		
Produktstandardisierung	X		X	X
Nullfehlerkonzept	X	X		X
modular sourcing	X	X		
Service Lieferantenunterstützungsservice	X	X		X
Leistungsdelegation	X	X	X	
Entsorgungsdelegation	X	X	X	X
Kontrollintensivierung		X		X
Bezug global sourcing	X	X	X	
local sourcing				X
single sourcing	X	X		
multiple sourcing			X	X
Marktmischung			X	X
Marktkonzentration	X	X		
Vorratshaltung				X
just-in-time	X		X	
Entgelt Minimalpreis	X			
Fairpreis		X	X	X
Marktdurchschnittspreis			X	X
Kommunikation Informationsbeschleunigung	X	X	X	X
Wettbewerbsintensivierung	X	X		
Know-how-Transfer		X		

Übersicht 24: Zur Zieleignung von Strategien

(5) Beziehungen zwischen Produktabsatz- und -beschaffungszielen

Die bereits erwähnte Prozeßorientierung soll verhindern, daß lediglich aus der Perspektive der Beschaffungsinsel argumentiert wird. Bereits an dieser Stelle soll auf Vernetzungen aufmerksam gemacht werden.

Im Normalfall bildet der Absatz den Flaschenhals der Planung. In der folgenden Übersicht wird das durch die Produktabsatzziele erfaßt. Wenn man nun beispielsweise ein intelligentes Spitzenprodukt (z.B. Leica R 8) herstellen will, muß man ganz konkret prüfen, welche Beschaffungsobjektziele - die gleichzeitig ja auch Entscheidungsmerkmale sind - daraus konkret folgen. Das können bei dieser Kamera Normprodukte (z.B. Werkstoffe, Schrauben), bewährte Produkte (z.B. Spulen), Spitzenprodukte (z.B. Linsensystem), innovative Produkte (z.B. Verschlußsystem) sein. Die Aufschlüsselung erfolgt nach dem Konzept des ökonomischen Prinzips, indem versucht wird, ein gegebenes Ziel (innovatives Spitzenprodukt) mit möglichst geringem Input zu realisieren:

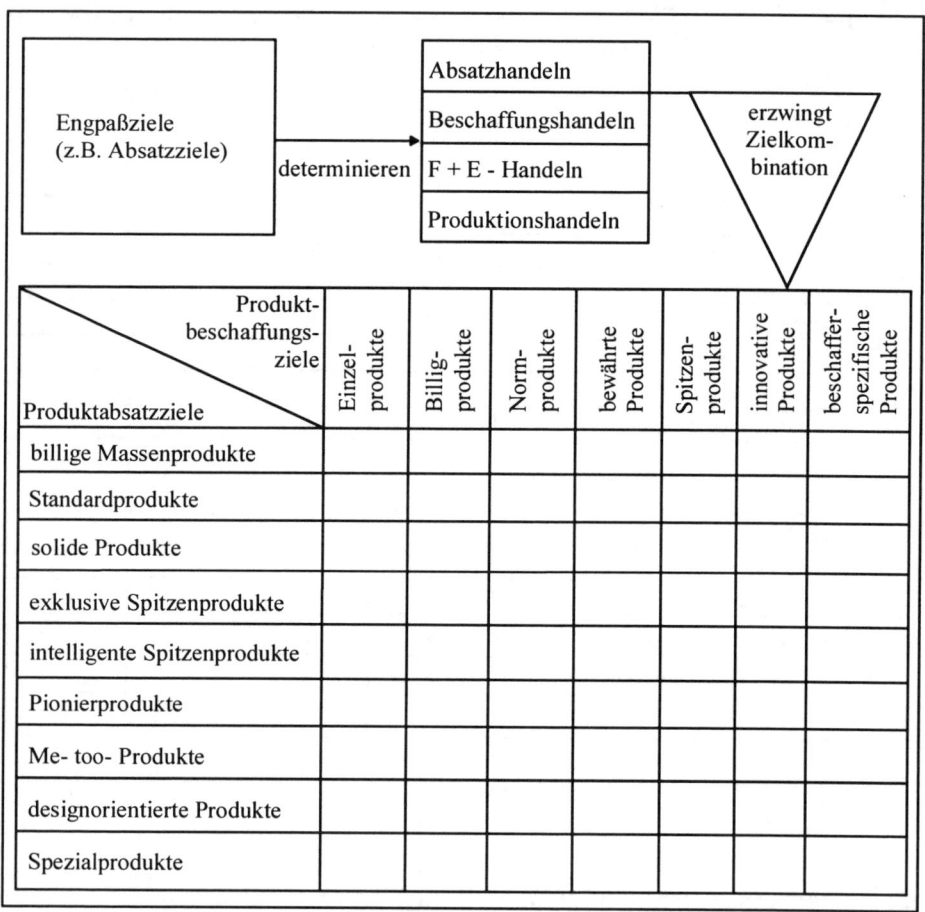

Übersicht 25: Zusammenhang zwischen Produktabsatz- und -beschaffungszielen

4.13 Beschaffungspotentiale definieren den Handlungsraum

Gleichgültig, ob man kurz- oder langfristig plant, man muß wissen, auf welcher Basis man dies tut. Kurzfristig limitieren nicht vorhandene Potentiale die Entfaltung, langfristig stellt sich die Frage, ob es möglich ist, noch nicht vorhandene Potentiale aufzubauen, was dies kostet und was dies nützt.

Die Potentialanalyse liefert die Basisinformationen über "*Stärken*" und "*Schwächen*" eines Unternehmens, um strategische Entscheidungsprozesse zu fundieren (Hammer 1982, S. 30). Ähnlich formuliert Kreikebaum, wenn er die Potentialanalyse als "Analyse der Ressourcen eines Unternehmens unter dem Gesichtspunkt ihrer Verfügbarkeit für strategische Entscheidungen" (1981, S. 59) umschreibt.

Eine derartige Stärken-Schwächen-Analyse ist tendenziell subjektiv. Neben der Faktenauflistung (z.B. Mitarbeiterzahl) geht es um die Faktenbewertung (z.B. Mitarbeiterwissen, -motivation). Dazu braucht man Maßstäbe. Soll man diese absolut setzen (unsere Mitarbeiter sind immer auf dem neuesten Wissensstand)? Oder soll man dies weicher z.B. in Relation zur Konkurrenz formulieren (z.B. unsere Mitarbeiter sind besser motiviert als die unseres nächstbesten Konkurrenten)?

Neben der Ist-Aufnahme geht es auch um die "*Informationspflege*". Eine drei Jahre alte Potentialanalyse kann nur noch historischen Wert haben. So können wichtige, potentialbestimmende Mitarbeiter gekündigt haben oder neue hinzugekommen sein.

Dann stellt sich die Frage des *Detaillierungsgrades*. Soll man das Mitarbeiterpotential einer ganzen Abteilung insgesamt gewichten oder soll man beispielsweise die einzelnen Personen betrachten? Wenn man den zweiten Weg wählt, stellt sich die Frage, wie man dann Aggregierungen vornehmen soll. Gleicht ein guter, wichtiger Mitarbeiter zwei schlechte, weniger wichtige Mitarbeiter aus? Kann man die Aufgabe eines guten Mitarbeiters auf einen weniger guten übertragen, um den guten für neue Aufgaben freizustellen?

Und schließlich muß entschieden werden, wer die Bewertungen vornimmt. Auch bewertende Personen tun dies nicht ohne eigene Zielverfolgung. Ein neuer Abteilungsleiter kann bei Arbeitsbeginn eine "Schlechtbewertung" versuchen, um auf einer möglichst niedrigeren Ausgangslage Verbesserungen als seine Leistungen deklarieren zu können. Ohne Mitarbeiterwechsel sei es ihm in zwei Jahren gelungen, durch ständige eigene Schulung Wissen und Motivation seiner Mitarbeiter zu steigern. Prinzipiell kann für die Bewertung gelten, daß man das Potential der Einheiten mißt, die am konkreten Beschaffungsakt beteiligt sind. Um zu zeigen, wie man sich der Potentialanalyse im Beschaffungsbereich zuwenden kann, wollen wir eine prozessuale Struktur wählen:

44

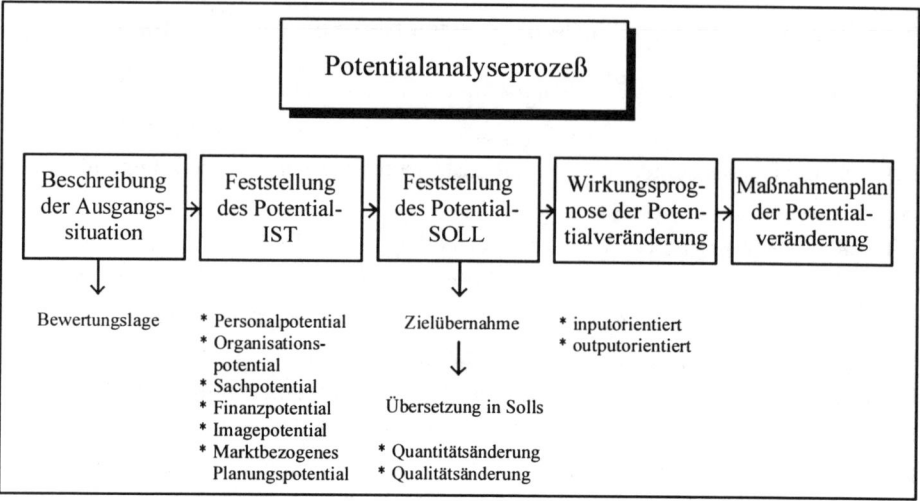

Übersicht 26: Ein möglicher Potentialanalyseprozeß

Um den Maßstab für diese Stärken-/Schwächenbewertung zu erlangen, empfiehlt sich die Beschreibung der jeweiligen Ausgangslage, die den Hintergrund der Bewertung bildet. Damit unterstellen wir, daß es keine absolute Bewertung, sondern vorrangig nur eine an der Situation orientierte relative Bewertung gibt.

Vor diesem Hintergrund also erfolgt die Aufnahme und Bewertung des Potential-Ist. Verschiedene Potentiale lassen sich kategorial hervorheben. Das Personalpotential erfaßt als Variable die Mitarbeiterzahl, das Mitarbeiterwissen, die Mitarbeitermotivation, die Belastbarkeit usw. Mit dem Personalpotential hängt das Organisationspotential eng zusammen. So mag man über für die jeweilige Aufgabe gute Mitarbeiter verfügen, wenn man ihnen jedoch keine Entfaltungsmöglichkeiten gibt, dann wird das Koalitionsgleichgewicht gestört. Oder man könnte einfachere und damit billigere Mitarbeiter wählen. Die bereits geschilderte Team- oder Projektorganisation ermöglicht eine bessere Entfaltung vorhandener Personalpotentiale. Als Sachpotential wollen wir die Ausstattung mit Geräten (z.B. EDV-Ausstattung), Instrumenten (z.B. Datenbänke), Anlagen (z.B. Lager und Transportanlagen) erfassen. Das Finanzpotential begrenzt oder erweitert die zahlungsverpflichtenden Handlungsspielräume. Das Imagepotential beschreibt das Ansehen, das der Beschaffer auf dem Beschaffungsmarkt genießt. Das Image besitzt mehrere Facetten. Es kann durch das Ansehen gespeist werden, das aus den abgesetzten Produkten resultiert. Die Marktgröße kann bedeutsam sein. Der Verläßlichkeits- oder Soliditätseindruck als Partner gewinnt zunehmend an Bedeutung. Bei einem "Axt-im-Walde-Image" wird man mit der Forderung nach einer kooperativen Einkaufskostenanalyse wohl kaum durchkommen. Und schließlich sollte man auch im Beschaffungsbereich das aus dem Absatzbereich resultierende marktbezogene Planungspotential erwähnen. Eine schlechte Absatzplanung kann nur unter hohem Aufwand durch Beschaffungsmaßnahmen (z.B. Stornierungskosten, Eilbestellungen) aufgefangen werden. Diese Kosten müssen dem Absatzbereich angelastet werden, um ihn zu unternehmensoptimalen Planungen zu zwingen.

Das Potential-Soll listet nun das für die Planungsphase Wünschenswerte auf. Dies ergibt sich aus der Zielsetzung. Mit der Methode des Zero-Base-Budgeting ist eine prioritätsorientierte Neufestlegung des Kostenbudgets möglich. Wir gehen davon aus, daß entsprechend dem geschilderten Ausgleichsgesetz der Planung (Gutenberg 1983, S. 163ff.) der Engpaß definiert und dies dann auf Maßnahmenkonsequenzen heruntergebrochen wurde. Diese zielbedingten "Solls" können sich in Quantitäts- und/oder Qualitätsänderungen niederschlagen. Änderungen bedeutet hierbei nicht unbedingt ein Mehr, auch ein Weniger, ebenso wie etwas anderes ist möglich.

Eng mit der zielorientierten Ableitung von "Solls" ist die Wirkungsprognose der Potentialveränderung verbunden. Diese Wirkungsprognose enthält zwei Facetten. Zum einen muß eine Input-Prognose erstellt werden. Was kostet die Potentialveränderung? Und zum anderen interessiert die Output-Prognose. Was bewirkt diese Potentialveränderung an Qualitäts- oder Quantitätssteigerung, an Flexibilitätszunahme, an Risiko- und an Kostenreduktion? Insgesamt müssen diese Antworten das Lohnende der Potentialänderung deutlich machen.

Daraus können sich dann die einzelnen Maßnahmen ergeben. Im Rahmen der Personalpotentialsteigerung kann dies z.B. bedeuten, daß man neue, besser qualifizierte Mitarbeiter einstellt, daß man Mitarbeiterschulungen durchführt, daß man über einen Führungsstilwechsel zu vermehrter Mitarbeitermotivation beiträgt. Diese Überlegungen gelten für alle geschilderten "Potential-Ists", soweit Veränderungen für notwendig erachtet werden.

Mit mehreren Methoden kann man das Potential erheben und darstellen. Eine übersichtliche Darstellungsmöglichkeit liefert das Polarprofil. Vor einer beispielhaften Darstellung sei der Entscheidungszusammenhang verdeutlicht. Es hängt offenkundig von den Entscheidungsbedingungen ab, welcher Potentialbereich besonders oder weniger gefordert wird.

Das deutet die folgende Übersicht an:

Potentiale \ Bedingungen	Einzelprodukt	Billigprodukt	Normprodukt	bewährtes Produkt	Spitzenprodukt	innovatives Produkt	beschafferspezifisches Produkt	Mengenbedeutsamkeit	usw.
Personalpotential	X	X	(X)	X	X	X	X	X	
Organisationspotential	X					X	X	X	
Sachpotential		X				X	X	X	
Finanzpotential					X		X	X	
Imagepotential	X						X	X	
Planungspotential									

Übersicht 27: Potentialabhängigkeiten

In der konkreten Situation ist es nun möglich, ein produktspezifisches *Normprofil* zu erstellen, dieses mit dem Ist-Profil zu vergleichen, um dann Änderungsmaßnahmen zu planen und einzuleiten. Die folgende Übersicht zeigt als Beispiel ein derartiges Normprofil:

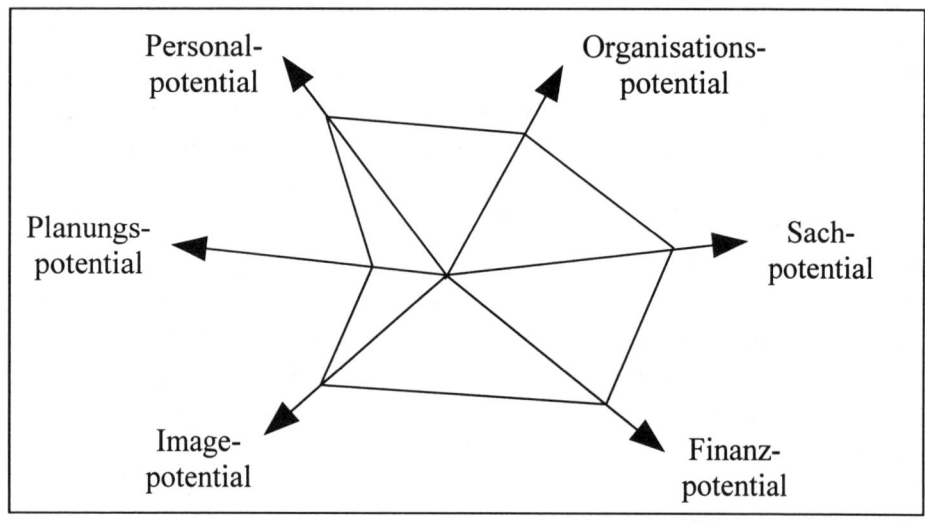

Übersicht 28: Normprofil „beschafferspezifisches Produkt"

Das hypothetische Ist-Profil könnte so aussehen:

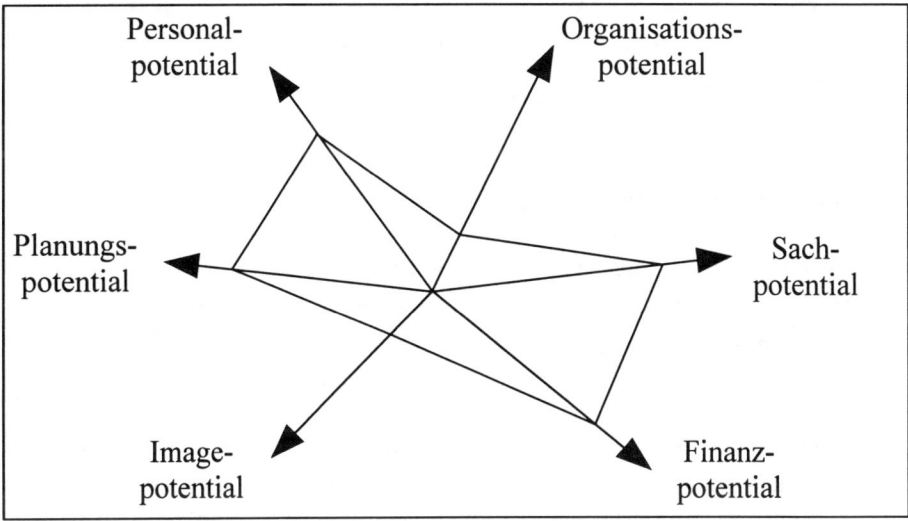

Übersicht 29: Istprofil

Defizite liegen insbesondere im Image- und Organisationspotential. Hier muß an der Potentialverbesserung gearbeitet werden. Potentialüberschüsse wird man dagegen nur in den seltensten Fällen abbauen, da man diese Potentiale ja meist auch in anderen Situationen benötigt. Diese erste Stufe des beschaffungswirtschaftlichen Klärungsprozesses muß grundsätzlich immer und immer wieder erfolgen. Sie ist dazu allgemein gehalten, sie gilt auch unabhängig vom einzelnen Beschaffungsobjekt. In den nächsten Stufen wird alles konkreter, wenn der einzelne Werkstoff, das Halb- oder Fertigfabrikat, die Maschine beschafft werden soll.

4.2 Bedarfsanalyse

Üblicherweise beginnt das Beschaffungsdenken und -handeln in Unternehmen mit der Feststellung des Geforderten. Wird dann auch das von anderen Abteilungen (z.B. Konstruktion) Geforderte „fotografisch" in eine „1:1-Bestellung" transportiert, dann stellt sich die Frage, ob man die Beschaffung überhaupt benötigt. Zielabstimmungsprozesse finden nicht statt, Konstruktions-, Produktions- oder andere Ziele werden hier einfach übernommen. Die Beschaffungsabteilung degeneriert zur Bestellschreibabteilung.

Bei der Bedarfsanalyse gemachte Fehler ziehen sich durch das gesamte Beschaffungshandeln; noch so fein gesponnene Anreiz-Beitragsmaßnahmen bei den Lieferantenverhandlungen können falsche Bedarfsfixierungen nicht mehr rückgängig machen. Deshalb müssen wir uns diesem Bereich intensiv zuwenden. Es wird sich zeigen, daß die in diesem Abschnitt zu entwickelnden Bedarfsanforderungen den gesamten weiteren Prozeß des Entscheidungsunterstützungssystems beeinflussen.

4.21 Analyseauswahlüberlegungen

Bevor wir ins Detail gehen, muß geklärt werden, ob man sich für jedes Beschaffungsobjekt diesem mühevollen Prozeß unterziehen will. Oder anders ausgedrückt, mit welchen Beschaffungsobjekten soll man beginnen? Die Personal- und Zeitkapazität sind begrenzt. Wie soll man die Ressourcen verteilen?

(1) Die einfachste Lösung wäre, mit dem *nächsten* neuen Beschaffungsobjekt zu beginnen. So kann man sich schrittweise der Analyse des gesamten Beschaffungsprogramms zuwenden. Dabei kann es allerdings passieren, daß wichtige Beschaffungsobjekte, die in die Merkmalskategorie „bewährte Beschaffungsobjekte" fallen, einer solchen Analyse nicht unterzogen werden.

(2) Weit verbreitet ist die ABC-Lösung:

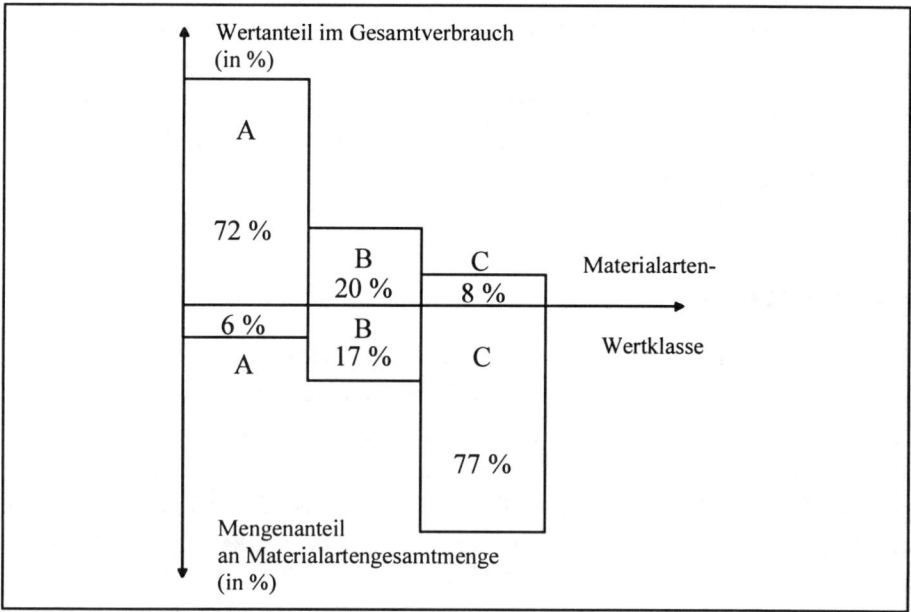

Übersicht 30: ABC-Analyse

Fällt ein Produkt in die A-Kategorie, ist es also umsatzstark, würde man es als analysegeeignet bewerten. Das trifft aber nur zu, wenn der Umsatz bezogen auf das gesetzte Ziel auch der geeignete Indikator ist. Wenn man z.B. das Ziel der Leistungssteigerung verfolgt, ist der Umsatz kaum der geeignete Indikator. Das läßt sich durch die Umbenennung der Achsenbezeichnung heilen:

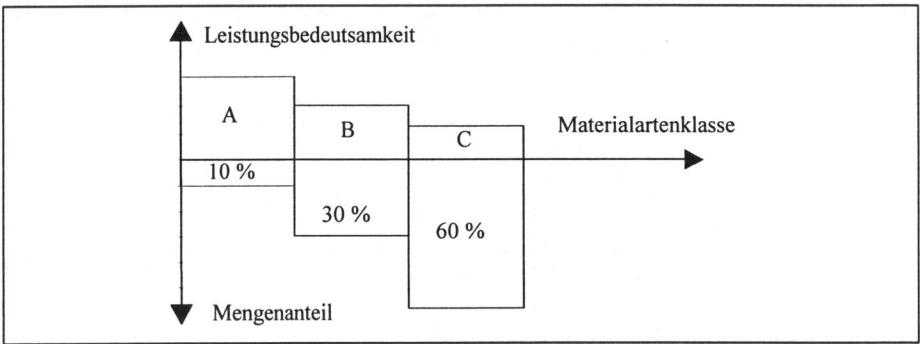

Übersicht 31: Materialarten nach Leistungsbedeutsamkeit klassifiziert

Ähnlich kann man auch mit anderen Zielsetzungen umgehen (Flexibilität, Risiko).

(3) Bekannt ist auch die *XYZ*-Analyse und deren Verknüpfung mit der ABC-Analyse (hier wieder in der Mengenvariante):

Prognose-Genauigkeit \ Wertigkeit	Hoher Verbrauchswert A	Mittlerer Verbrauchswert B	Niedriger Verbrauchswert C
Hohe Prognose-Genauigkeit X	hohe Aufmerksamkeit		
Mittlere Prognose-Genauigkeit Y		mittlere Aufmerksamkeit	
Niedrige Prognose-Genauigkeit Z			niedrige Aufmerksamkeit

Übersicht 32: Konsequenzen der XYZ/ABC-Analyse

Hier wird empfohlen, Beschaffungsobjekte der Kategorien XA, XB und YA vorrangig in die Analyse einzubeziehen.

(4) Auch eine Leistungs-(Profilierungs-)Kostenmatrix kann hilfreich sein. Zwei Zielgrößen werden in Beziehung gesetzt. Die Leistungsbedeutsamkeit oder Profilierungsmöglichkeit betont eher die Outputwirkung (→ Marktwirkung), während der Kostenaspekt eher als Inputwirkung zu sehen ist:

Profilierung (Leistung) / Kosten	hoch	gering
hoch	1	2
gering	3	4

Übersicht 33: Leistungs-(Profilierungs-)Kostenmatrix

Die Empfehlung lautet, zuerst mit der Beschaffungsobjektklasse 1 zu beginnen, dann mit 2 usw. fortzufahren. Analog lassen sich Matrizen mit den anderen Beschaffungszielen entwickeln.

(5) Wir wollen auch noch eine Antwort auf die Frage geben, was denn mit den weniger wichtigen oder unwichtigen Beschaffungsobjekten geschehen soll, wenn man möglichst schnell optimale Bedingungen sichern will. Konsequenterweise kann die Antwort, wenn man selbst nicht zur Bearbeitung in der Lage ist, nur lauten, daß andere diese Aufgabe erledigen müssen. Und das führt zum *outsourcing* der Beschaffung für weniger wichtig gehaltene Beschaffungsobjekte. Diese Funktionsverlagerung erscheint bei prozeßorientierter Betrachtung allein deshalb schon in vielen Fällen als sinnvoll, weil die Prozeßkosten relativ fix sind; ob man nur für DM 20,-- oder DM 200.000,-- einkauft, pro Einkaufsakt fallen ca. DM 400,-- an. Einkaufsagenturen übernehmen die Beschaffung von C-Produkten einschließlich Vor- und Nacharbeiten; durch informationstechnische Spezialisierung und Bedarfsbündelung sind so hohe Einsparpotentiale möglich.

4.22 Bedarfsanforderungen

Bevor wir ins Detail gehen, sollen einige Fragen vorangestellt werden. Man kann von folgenden Kernfragen ausgehen:

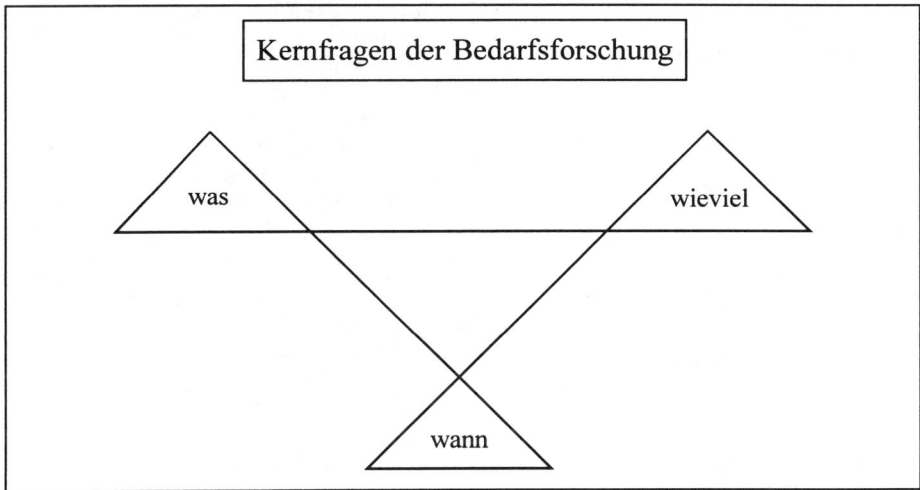

Übersicht 34: Kernfragen der Bedarfsforschung

Wir werden nach Detailantworten suchen müssen. Bei den Antworten sollten jeweils die folgenden Fragen geprüft werden:
- Ist das unbedingt nötig? Was kann entfallen?
- Warum kann darauf nicht verzichtet werden?
- Ist auch weniger möglich?
- Honoriert der Kunde das Mehr?
- Sind Standardisierungen möglich und sinnvoll?

Ein auch im Detail vollständiger Überblick über alle denkbaren Bedarfsanforderungen ist wohl kaum möglich. Andererseits müssen wir uns aber darum bemühen, möglichst viele Bedarfsanforderungen an den Anfang der Überlegungen zu stellen, weil spätere Reparaturen zu teuer werden. Dabei ist besonderes Augenmerk auf die Vernetzung mit anderen Funktionsbereichen zu legen. Wir gehen von folgender Übersicht aus:

Objektanforderungen	
Mengenanforderungen	**Leistungsanforderungen**
große Menge kleine Menge hohe Mengenflexibilität hohe Mengenkonstanz	Gestaltungsmittelakzeptanz Gestaltungsleistungsakzeptanz Gestaltungsmittelveränderbarkeit Leistungsveränderbarkeit Langlebigkeit Leistungskonstanz Einsatzvariabilität Leistungssichtbarkeit hoher Technologiestand Werkzeugherstellungs- und instand- haltungsfähigkeit Werkzeug- und Materialbeistellungs- akzeptanz

Modalitätsanforderungen

Zeitanforderungen	**Ortsanforderungen**
kurze Entwicklunsgzeit kurze Produktionszeit kurze Lieferzeit Bereitstellungszeitpunkteinhaltung Lieferzeitpunkteinhaltung flexible Termingestaltung	Lagerzugänglichkeit Transportmittelanbindung Lieferortakzeptanz
Informationsanforderungen	**Lieferungsanforderungen**
Informationskompetenz Informationsbereitschaft Problemlösungsbereitschaft Geheimhaltung Marktinformationen Anwendungsberatung Marketingzusammenarbeit	Lieferzuverlässigkeit Verpackungs- und Transportschutz verarbeitungsgerechte Anlieferung Vorrangbelieferung Exklusivbelieferung Lieferantensicherheit
Entgeltanforderungen	**Serviceanforderungen**
Bereitschaft zur Kostenanalyse Preissicherheit lange Zahlungsziele Leasingmöglichkeiten leistungsbezogene Rabatt- staffelung Mindermengenzuschlagsverzicht	Kundendienstbereitschaft Recyclingbereitschaft erweiterte Objektgarantie Nachkaufsicherheit Servicekapazität

Übersicht 35: Bedarfsanforderungen

Nur einige dieser Bedarfsanforderungen sollen erläutert werden, die meisten sind unmittelbar verständlich.

(1) *Leistungsanforderungen* an das Beschaffungsobjekt deuten das an, was das Beschaffungsobjekt können soll. Dafür wird auch der Begriff Qualität (Beschaffungsobjektqualität) benutzt - man könnte im Prinzip also auch von Qualitätsanforderungen sprechen. Aus der Konstruktion (F + E, Design usw.) kann die Forderung nach Wahl und Einhaltung spezifischer Gestaltungsmittel gestellt werden. In der Konstruktionszeichnung sind nicht nur Maße, sondern auch Materialien, Farben, Konstruktionsprinzipien, Teile usw. angegeben. Die sollen eingehalten werden. Diese Forderung wollen wir *Gestaltungsmittelakzeptanz* nennen.

Hält man die Entwicklungsabteilung des Lieferanten für kompetenter als die eigene, dann kann man sich auf die Nennung der Leistungen beschränken, die erfüllt sein müssen, ohne daß man die konkrete Lösung vorgibt. Das kann man als *Gestaltungsleistungsakzeptanz* bezeichnen. Während im ersten Fall die Inputgröße betont wird, liegt hier das Gewicht auf der Outputgröße.

Gestaltungslösungen werden meist nicht für alle Ewigkeit gewählt. Deshalb können wir die beiden genannten Anforderungen auch unter dem Aspekt der Veränderbarkeit erweitern. *Gestaltungsmittelveränderbarkeit* meint dann, daß das Beschaffungsobjekt so gestaltet wird, daß im Zeitablauf Veränderungen der Gestaltungsmittel möglich sind (Veränderung des Inputs). Und *Leistungsveränderbarkeit* hebt lediglich die Möglichkeit der Veränderung des Leistungsoutputs hervor. Man kann dies auch als Leistungsflexibilität bezeichnen. Diese Forderungen werden im Zuge der eigenen Produktpflege aus Absatzsicht in Zukunft eine größere Rolle spielen. Und wenn dann noch die Strategie des modular sourcing gewählt wird, dann zeigt sich die Notwendigkeit dieser Anforderungen.

Als Leistungspersistenz oder besser als *Langlebigkeit* kann man die Forderung an ein Beschaffungsobjekt beschreiben, möglichst lange ohne störenden Leistungsverlust die geforderten Leistungen zu erbringen.

Eine andere Facette bildet die *Leistungskonstanz* ab, wenn Wert auf keine Qualitätsschwankungen gelegt wird. Alle an das Beschaffungsobjekt gestellten Anforderungen müssen konstant erbracht werden. Man kann die Leistungskonstanz auch noch genauer eingrenzen, indem man zusätzlich eine sehr geringe Leistungstoleranz fordert, um die Grenzen der Qualitätsschwankungen festzulegen, die man noch für zulässig hält. Meist wird diese Anforderung wohl verzichtbar sein.

Einen Sonderfall der Leistungsveränderbarkeit bildet die *Einsatzvariabilität*. Das Beschaffungsobjekt soll für verschiedene Endprodukte geeignet sein, um die Teilevielfalt zu senken und um Kostendegressionseffekte ausnutzen zu können.

Einige Beschaffungsobjekte sind für den späteren Nutzer sichtbar. Sie sollen so gestaltet werden, daß die Leistungskraft (z.B. Solidität) durch die Gestaltung sichtbar wird. Diese Anforderung nennen wir *Leistungssichtbarkeit*.

Nicht immer ist klar, wie das Beschaffungsobjekt im Detail aussieht oder gestaltet sein wird, welchen Veränderungen es im Zeitablauf unterliegt. Um für Zukünftiges in der Durchführung gerüstet zu sein, kann ein *hoher Technologiestand* gefordert werden. Man wünscht eine moderne Ausstattung des Lieferanten mit technischen Hilfsmitteln (z.B. CAD, CAM).

Eine weitere Bedingung kann gewünscht werden: die *Werkzeugherstellungs-* und *-instandhaltungsfähigkeit*. Den Gegenpol dazu kann dann die Anforderung stellen, daß der Lieferant akzeptiert, Materialien oder Werkzeuge von mir als beschaffendem Unternehmen beigestellt zu bekommen *(Werkzeug- und Materialbeistellungsakzeptanz)*.

(2) Die *Mengenanforderungen* dürften unmittelbar einsichtig sein.

(3) *Zeitanforderungen* können bedeutsam sein.
Insbesondere bei der Planung neuer Produkte kann die *kurze Entwicklungszeit* von großem Interesse sein. Der Lieferant ist zur schnellen Entwicklung des neuen Produktteils (Werkstoffes usw.) fähig. Neben der Entwicklungszeit interessiert die *Produktionszeit* (Durchlaufzeit). Der Lieferant ist zur schnellen Herstellung des gewünschten Beschaffungsobjektes in der Lage. Es schließt sich die *Lieferzeit* an. Durch geeignete Maßnahmen (z. B. Pufferlager, schneller Transport) garantiert der Lieferant die schnelle Verfügbarkeit des Beschaffungsobjektes. Weniger zeitraumbezogen sondern eher exakt zeitpunktbezogen ist der Wunsch, entweder einen vereinbarten *Bereitstellungszeitpunkt* (ex Werk) oder einen *Lieferzeitpunkt einzuhalten*; dies spielt bei der just-in-time-Strategie eine große Rolle. Im Handel kommt der Fixhandelsbezug vor.
Auf der anderen Seite kann eine *flexible Termingestaltung* (Terminvariabilität) gewünscht werden, indem der Lieferant sich der Terminplanung des Beschaffers anpaßt.

(4) Die *Ortsanforderungen* dürften auch ohne nähere Erläuterung verständlich sein, so daß wir zu den Informationsanforderungen übergehen können.

(5) *Informationsanforderungen*: Je mehr Unternehmen zum outsourcing übergehen, je mehr die Beschaffung an Bedeutung gewinnt, um so notwendiger wird der Informationsaustausch.
Die Forderung nach *Informationskompetenz* wird besonders wichtig sein. Im Prinzip wünscht man sich, daß der Lieferant mehr weiß als man selbst. Die Nutzung der Spezialisierungsvorteile ist nur möglich, wenn auch das Spezialisierungswissen vorhanden ist.
Vorhandenes Wissen reicht aber nicht aus. Es muß auch die Bereitschaft bestehen, es

weiterzugeben, auszutauschen. Die *Informationsbereitschaft* ist nicht nur an Unternehmen als Institution, sondern auch an die dort handelnden Personen gebunden. "Informationsmaurer" können die beste Kompetenz zunichte machen. Aus Informationskompetenz und Informationsbereitschaft kann sich der Know-How-Transfer ergeben. Die Zurverfügungstellung von Informationen, vielleicht sogar geheimen Wissens, kann zu Zeit- und Kostenreduktion beitragen.

Aus der Informationsbereitschaft kann sich als Dialogbereitschaft die *Problemlösungsbereitschaft* (Kooperationsbereitschaft) entwickeln. Dies ist nur im gemeinsamen Bemühen umsetzbar; Projekt- oder Teammanagement, welches eigene Unternehmensgrenzen überschreitet, erleichtert dieses Bemühen.

Mit der Problemlösungsbereitschaft verbunden sein kann der *Geheimhaltungswunsch*. Er gilt für beide Partner jeweils aus der Sicht des Gebenden. Der informationsgebende Lieferant wünscht das von seinem Kunden, ebenso wie dieser bei seinem Lieferanten sicherstellen will, daß eigene Entwicklungen usw. nicht als Wissen bei der Konkurrenz landen. Das kann auch soweit gehen, daß der gesamte Entwicklungskontext (z.B. Produktneuentwicklung) geheim bleibt. Die Realisierbarkeit dieser Anforderungen wird in der Praxis immer wieder angezweifelt.

Neben diesen grundsätzlichen Anforderungen gibt es auch spezifische Informationswünsche. Frühzeitige (aktuelle) und vollständige *Marktinformationen* sollen die eigene Beschaffungsmarktforschung entlasten. Sich abzeichnende Preis- und Mengenprobleme auf den Märkten (hier Beschaffungsmarkt) können ebenso zu schnellem Handeln veranlassen wie Hinweise über neue Produktkonzeptionen, die für die Gestaltungsabteilung bedeutsam sein können. Setzt man neue Produkte, Systeme, Maschinen ein, müssen die eigenen Mitarbeiter erst den Umgang damit lernen. Dann ist es hilfreich, wenn der Lieferant mit *Anwendungsberatung* hilft.

Aus dem Absatzbereich kann die Forderung kommen, für das beschaffte Teil Werbemaßnahmen seitens des Lieferanten durchzuführen *(Marketingzusammenarbeitsbereitschaft)*, um damit die Innovation schneller bekannt zu machen.

(6) Bedeutsam sind ebenfalls die *Lieferanforderungen*.

Lieferzuverlässigkeit bedeutet, daß sich der Lieferant in der Zeit an Vereinbarungen über Leistungen, Mengen, Termine und Orte hält. Man kann sich auf ihn verlassen. Dieser generellen Anforderung können spezifische folgen.

So kann man vom Lieferanten einen besonderen *Verpackungs- und Transportschutz* verlangen, empfindliche Beschaffungsobjekte müssen vor Außeneinflüssen und umgekehrt die Umwelt vor gefährlichen Beschaffungsobjekten geschützt werden.

Die *verarbeitungsgerechte Anlieferung* soll die Weiterverarbeitung dadurch erleichtern, daß keine weiteren vorbereitenden Maßnahmen (z. B. Auspacken, Umpacken) notwendig werden. Dies spart Zeit und Kosten durch Verlustverringerung.

Die Forderung nach *Vorrangbelieferung* wird nur in Engpaßsituationen virulent. Bei Beschaffungsobjekten für frühe Produktionsstadien und bei geringen Ausweichmöglichkeiten wird diese Forderung auch bei der Neuaufnahme einer Lieferbeziehung bedeutsam.

Die *Exklusivbelieferung* als Forderung wird vorrangig dort erhoben, wo das Beschaffungsobjekt deutlich zur eigenen Produktprofilierung im Wettbewerb beiträgt. Man verzichtet dadurch zwar auf die Nutzung von Kostendegressionseffekten, gewinnt aber an Alleinstellung. Wenn Lieferanten vermehrt in den Produktentwicklungsprozeß einbezogen werden, wie man das in der Pkw-Industrie beobachten kann, wird diese Forderung sicherlich an Bedeutung gewinnen.

Zu diesem Bereich wollen wir auch noch die *Lieferantensicherheit* als Anforderung rechnen. Der Lieferant verfügt über eine solide Ausstattung mit Produktionsfaktoren (z.B. Kapital, Management); von Vorlieferanten ist er wenig abhängig, wenig verwundbar; er ist für eine langfristige, partnerschaftlich angelegte Geschäfts-beziehung geeignet.

(7) Meist stehen aus Beschaffersicht die *Entgeltanforderungen* im Mittelpunkt des Interesses.

Am schönsten ist es natürlich, wenn man Beschaffungsobjekte umsonst bekommt oder allgemeiner: wesentlich günstiger als die Konkurrenz. Das schwankt zwischen ökonomischem Unsinn und Trivialität.

Interessanter ist das gemeinsame Bemühen um das Ausschöpfen von Rationalisierungsreserven. Dazu dient die Einkaufskostenananalyse. Mit dieser Methode wird, ausgehend von einem Zielpreis (target price/target costing), analytisch geprüft, welche Kosten optimal entstehen dürfen. Sinnvollerweise ist dies nur in gemeinsamen Gesprächen herauszufinden. Das führt auch zur Offenlegung der Lieferantenkalkulation. In diesen Gesprächen können auch neue Wege der Herstellung gefunden werden. Diese *Bereitschaft zur Kostenanalyse* setzt partnerschaftliches Denken voraus. Wenn man diese Anforderung stellt, um damit die Preise zu drücken, wird man nur einmaligen Erfolg damit haben können. Das gilt auch für den Fall, wo man die ursprünglich geplanten Mengen nicht mehr einhalten kann. Man kann nicht einen Preis bei kostenminimaler Menge einhalten, wenn man die Menge anschließend reduziert. Eben weil in vielen Fällen nicht strategisch gedacht wird, beraubt man sich der Möglichkeiten, die diese Methode bietet.

Bei commodities (Standardprodukten/Normprodukten) unterliegen die Preise häufig nicht planbaren Schwankungen. Sind die eigenen Erlöse relativ fix (z.B. im Anlagenbau, partiell auch bei Konsumgütern), dann kann die Forderung nach Begrenzung der Schwankungsbreite entstehen. Damit geht dann die Bereitschaft einher, auf mögliche Tiefstpreise zu verzichten. Schwankungen der Einstandskosten können auch durch

Währungsschwankungen entstehen. Wird z. B. das britische Pfund abgewertet (italienische Lira usw.), dann kann man den Währungsgewinn völlig abschöpfen, wenn man in Pfund kontrahiert hat. Umgekehrtes gilt, wenn man in Japan gekauft hat und in Yen bezahlen muß, wenn dieser aufgewertet wurde. Will man die Chancen und Risiken von Devisenkursschwankungen vermeiden, dann wird man in DM kontrahieren. Beide Aspekte kann man zum Oberbegriff *Preisicherheit* zusammenfassen.

Bei einem Unternehmen mit geringem Finanzpotential kann die Forderung nach *langen Zahlungszielen* erhoben werden. Bei Potentialfaktoren (z.B. Maschinen, Geräte) kann der Wunsch nach *Leasingmöglichkeiten* gestellt werden. Dies schont den eigenen Kapitalstock und erhöht die Möglichkeit, die neuesten und leistungsfähigsten Potentialfaktoren einsetzen zu können; Leasing steigert auch die Mengenflexibilität, insbesondere wenn sich kurzfristige Verträge anbieten.

Vor allem im Handel wird die Forderung nach ausgedehnten Rabattstaffeln erhoben. Man ist hier sehr erfinderisch. Nicht immer sind die geforderten Rabatte Ausdruck der gewählten Anreize (z.B. Mengenrabatte, Leistungsrabatte), oft genug sind sie lediglich Ausdruck der Marktmacht (z.B. Auslistungsverhinderungsrabatt). Für ein partnerschaftliches Verhältnis eignen sich dagegen nur *leistungsbezogene Rabattstaffelungen*. In der Industrie finden wir dagegen eher die bescheidenere Forderung des *Verzichts auf Mindermengenzuschläge*.

(8) Und schließlich seien einige *Serviceanforderungen* erläutert:
Service kann als dem Beschaffungsobjekt beigefügte Dienstleistung verstanden werden. Der Service kann sich erstrecken auf das Ingangsetzen (Installationsservice), das Inganghalten (Reparatur-Wartungsservice) - das wollen wir als *Kundendienstbereitschaft* zusammenfassen - das Außerbetriebnehmen (z.B. *Recyclingbereitschaft* und -fähigkeit) und die Garantie für das Beschaffungsobjekt (z.B. *erweiterte Objektgarantie*). Ein defektes Teil kann irreparabel sein, man fordert daher z.B. eine 10jährige *Nachkaufsicherheit*.

Neben diesen konkret auf das Beschaffungsobjekt bezogenen Anforderungen sind auch generelle Servicemaßnahmen denkbar. So kann der Lieferant Prüfkapazität, Entwicklungskapazität, Lagerkapazität usw. zur Verfügung stellen. Das wollen wir als *Servicekapazität* bezeichnen.

In der konkreten Unternehmenssituation empfiehlt sich eine Überprüfung der für das eigene Unternehmen wahrscheinlich relevanten Bedarfsanforderungen. Man sollte sie mit den anderen Funktionsbereichen abstimmen.

Dazu gehört auch eine weitere Detaillierung der erläuterten Bedarfsanforderungen; im Regelfall wird man nämlich bei der Abstimmung mit den anderen Funktionsbereichen unterschiedliche Teilaspekte z.B. zum Komplex Gestaltungsmittelakzeptanz erfahren, die auf heutige und morgige Probleme Bezug nehmen. An anderer Stelle haben wir dafür Fenster- und Heilungsfragen entwickelt (Koppelmann 1995, S. 147 ff.). Sie können in der konkreten Unternehmenssituation als systematische Checkliste für die Bedarfsabstimmung mit den anderen Funktionsträgern benutzt werden. Insgesamt dürfte deutlich geworden sein, daß die Bedarfsanforderungen nur gemeinschaftlich mit anderen am Prozeß beteiligten Funktionsträgern erarbeitet werden können.

4.23 Bedarfsauswahlentscheidungen

Nachdem nun die Bedarfsalternativen erarbeitet wurden, muß geprüft werden, welche denn bedeutsam sind. Wir müssen die Wenn-Bedingungen (s. Abschnitt 3.3) heranziehen. Aus dem Fundus der Bedarfsanforderungen werden im Falle der Beschaffung eines Spitzenproduktes andere als im Falle eines Normproduktes ausgewählt. Das zeigt die Übersicht 36.

Der Index deutet das Gewicht der Anforderungen an: x_1 heißt sehr bedeutsam, x_2 bedeutsam, x_3 weniger bedeutsam.

Diese Matrix kann als ein systematisches Kontrollinstrument betrachtet werden, das die Abstimmung mit dem an der Bedarfsfeststellung beteiligten Funktionsträgern erleichtert. Hier wird eine Grundlage für eine rationale Entscheidungsfindung geschaffen. Abweichungen davon bedürfen besonderer Begründung. Bei Personenwechsel im Team kann die neue Person sich über das Entscheidungsprotokoll schnell in den Entscheidungsfluß einarbeiten.

4.24 Bedarfsermittlungsmethoden

Es dürfte deutlich geworden sein, daß Bedarfsermittlung mehr ist als die in der Literatur dominierende Mengenanalyse.

(1) Leistungsanalyse

Hier ist vor allem die *Wertanalyse* zu erwähnen. Es geht um die Wertgestaltung und Wertverbesserung. Wertverbesserung bedeutet meist Zielerreichung mit minimiertem Aufwand. Die Wertanalyse basiert auf technischen Überlegungen.

Mit Hilfe von *Kreativitätstechniken* soll der Alternativenraum bei der Produktgestaltung vergrößert werden. So soll mit Hilfe eines Brainstorming mit verschiedenen Funktionsträgern versucht werden, neue, ungewöhnliche, zielgeeignete Gestaltungslösungen zu finden.

Bedarfsanforderungen	Bedingungen (Objektmerkmale)	Einzelprodukt	Billigprodukt	Normprodukt	bewährtes Produkt	Spitzenprodukt	innovatives Produkt	beschafferspezifisches Produkt	Mengenbedeutsamkeit	usw.
Mengenanforderungen	große Menge		x_1	x_1	x_2				x_1	
	kleine Menge	x_1				x_2	x_2	x_2		
	hohe Mengenflexibilität			x_2					x_2	
	hohe Mengenkonstanz				x_1	x_1	x_1	x_1	x_1	
Leistungsanforderungen	Gestaltungsmittelakzeptanz	x_1				x_1	x_1	x_1		
	Gestaltungsleistungsakzeptanz	x_1				x_1	x_1	x_1		
	Gestaltungsmittelveränderbarkeit						x_2			
	Leistungsveränderbarkeit					x_1	x_1	x_1	x_2	
	Langlebigkeit	x_2				x_1	x_2	x_2		
	Leistungskonstanz			x_1	x_1				x_1	
	Einsatzvariabilität			x_2	x_1					
	Leistungssichtbarkeit					x_1	x_1			
	hoher Technologiestand	x_1				x_1	x_1	x_1		
	Werkzeugherstellungsfähigkeit	x_2					x_2	x_2		
	Werkzeug- u. Materialbeistellungsakzeptanz					x_2			x_3	
Zeitanforderungen	kurze Entwicklungszeit					x_2	x_1	x_1		
	kurze Produktionszeit		x_1			x_2			x_1	
	kurze Lieferzeit		x_1	x_1		x_2			x_1	
	Bereitstellungszeitpunkteinhaltung				x_1	x_1			x_1	
	Lieferzeitpunkteinhaltung	x_2	x_1	x_1	x_1				x_1	
	flexible Termingestaltung				x_2	x_2				
Ortsanforderungen	Lagerzugänglichkeit				x_3	x_2			x_2	
	Transportmittelanbindung				x_2	x_2			x_2	
	Lieferortakzeptanz	x_2	x_2	x_2					x_2	
Lieferungsanforderungen	Lieferzuverlässigkeit	x_1	x_2	x_1		x_1	x_1	x_1	x_1	
	Verpackungs- und Transportschutz	x_2				x_2	x_2	x_2		
	verarbeitungsgerechte Anlieferung		x_1	x_1	x_2				x_1	
	Vorrangbelieferung					x_2	x_2	x_1		
	Exklusivbelieferung					x_2	x_2	x_1		
	Lieferantensicherheit	x_1				x_1	x_1	x_1	x_1	
Entgeltanforderungen	Bereitschaft zur Kostenanalyse	x_1				x_1	x_2	x_2	x_1	
	Preissicherheit	x_2				x_2			x_2	
	lange Zahlungsziele	x_2						x_3		
	Leasingmöglichkeiten	x_2								
	leistungsbezogene Rabattstaffelung					x_2			x_2	
	Mindestmengenzuschlagsverzicht			x_2	x_2					
Serviceanforderungen	Kundendienstbereitschaft	x_1				x_1	x_1	x_1		
	Recyclingbereitschaft	x_2	x_1	x_2	x_2	x_2	x_2	x_2	x_1	
	erweiterte Objektgarantie	x_1			x_2					
	Nachkaufsicherheit				x_1					
	Servicekapazität	x_3				x_3	x_3	x_3		
Informationsanforderungen	Informationskompetenz	x_2				x_1	x_1	x_1		
	Informationsbereitschaft	x_2				x_1	x_1	x_1		
	Problemlösungsbereitschaft	x_1				x_1	x_1	x_1		
	Geheimhaltung					x_2	x_2	x_1		
	Marktinformation					x_2	x_2	x_2		
	Anwendungsberatung	x_2				x_2	x_2	x_2		
	Marketingzusammenarbeit					x_2	x_2			

Übersicht 36: Von Bedingungen abhängige hierarchisierte Bedarfsanforderungen

60

(2) Mengenanalyse

Aus der folgenden Übersicht gehen die verschiedenen, bekannten Methoden hervor:

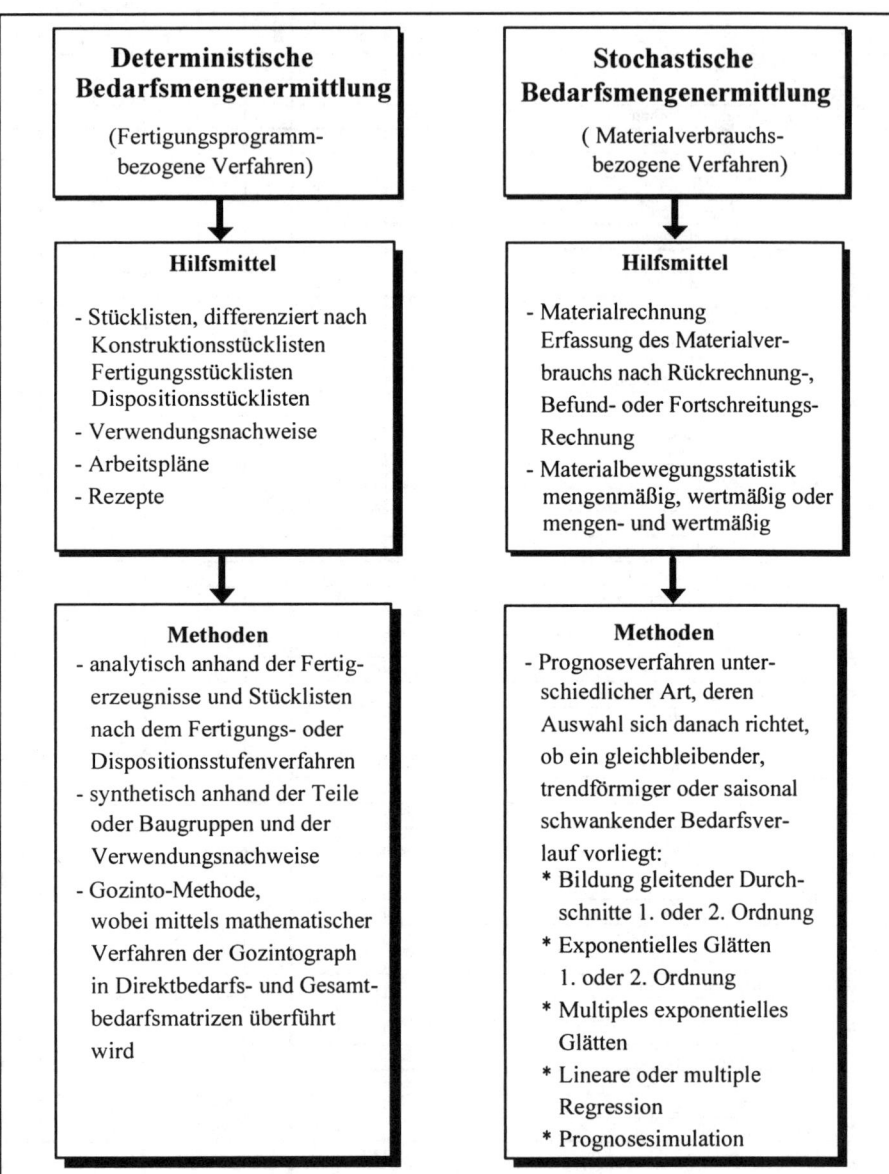

Deterministische Bedarfsmengenermittlung

(Fertigungsprogramm-bezogene Verfahren)

Stochastische Bedarfsmengenermittlung

(Materialverbrauchs-bezogene Verfahren)

Hilfsmittel

- Stücklisten, differenziert nach
  Konstruktionsstücklisten
  Fertigungsstücklisten
  Dispositionsstücklisten
- Verwendungsnachweise
- Arbeitspläne
- Rezepte

Hilfsmittel

- Materialrechnung
  Erfassung des Materialver-brauchs nach Rückrechnung-,
  Befund- oder Fortschreitungs-Rechnung
- Materialbewegungsstatistik
  mengenmäßig, wertmäßig oder
  mengen- und wertmäßig

Methoden
- analytisch anhand der Fertig-erzeugnisse und Stücklisten
  nach dem Fertigungs- oder
  Dispositionsstufenverfahren
- synthetisch anhand der Teile
  oder Baugruppen und der
  Verwendungsnachweise
- Gozinto-Methode,
  wobei mittels mathematischer
  Verfahren der Gozintograph
  in Direktbedarfs- und Gesamt-bedarfsmatrizen überführt
  wird

Methoden
- Prognoseverfahren unter-schiedlicher Art, deren
  Auswahl sich danach richtet,
  ob ein gleichbleibender,
  trendförmiger oder saisonal
  schwankender Bedarfsver-lauf vorliegt:
  * Bildung gleitender Durch-schnitte 1. oder 2. Ordnung
  * Exponentielles Glätten
    1. oder 2. Ordnung
  * Multiples exponentielles
    Glätten
  * Lineare oder multiple
    Regression
  * Prognosesimulation

Übersicht 37: Methoden der Bedarfsmengenbestimmung

(3) Zeitanalyse

Ist man gewillt, mit einem Lieferanten einen Rahmenvertrag über einen längeren Zeitraum zu vereinbaren, wird es notwendig, dessen Planungssicherheit zu erhöhen, wie das die folgende Übersicht zeigt:

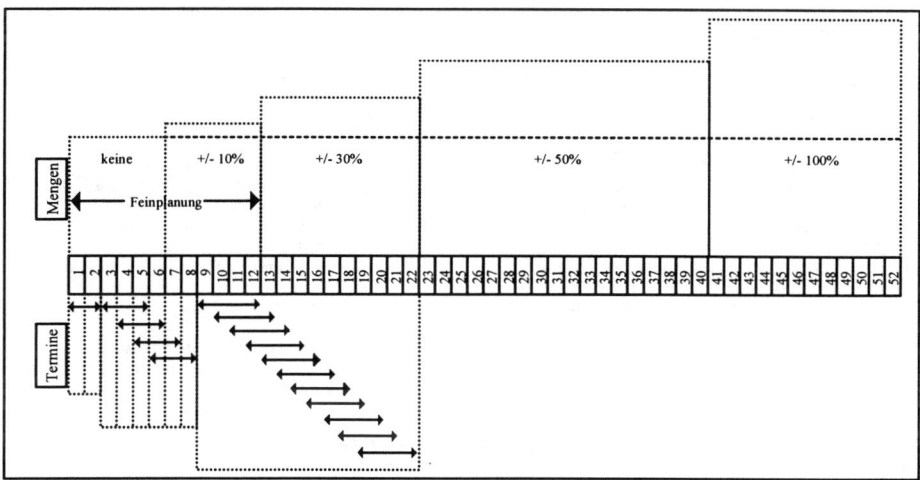

Übersicht 38: Ein Bestellrythmusverfahren

Ausgehend von einem für 12 Monate abgeschlossenen Rahmenvertrag, der nach 3 Monaten rollierend um 3 Monate ergänzt wird, sind in diesem konkreten Fallbeispiel in den ersten 6 Wochen keine Mengenänderungen möglich, allerdings kann diese Menge eine Woche vorgezogen oder eine Woche hinausgeschoben werden. Von der 7. bis 12. Woche sind (+/-) 10 % Mengenänderungen möglich, innerhalb der Wochen 3 bis 8 sind 3 Wochen Schwankungsbreite möglich. Von der 13. bis 22. Woche sind Mengenschwankungen von (+/-) 30 % möglich, von der 9. bis 22. Woche können die eingeteilten Mengen innerhalb von 4 Wochen umterminiert werden. Bis zu diesem Zeitpunkt erfolgt die Freigabe zur Vormaterialbeschaffung und notwendiger Vorfertigung. Von der 23. bis 40. Woche sind Mengenschwankungen um (+/-) 50 %, von der 41. bis 52. Woche von (+/-) 100 % möglich.

(4) Preis-/Kostenanalyse

Die Zeit der progressiven Kalkulation (Kosten + Gewinn = Preis) ist vorbei. Man muß umgekehrt von einem für wettbewerbsfähig gehaltenen Preis (target price) ausgehen, um retrograd die zulässigen Kosten jedes einzelnen Objektes und Prozesses zu ermitteln (→ target costing). Dies ist der Vergleichsmaßstab für die Entscheidung „make or buy". Die Entscheidungen „Einkauf gegen Produktion" wird in Zukunft an Bedeutung gewinnen.

4.25 Beschaffung oder Produktion?

Wenn man weiß, was man benötigt, stellt sich die Frage, ob man dies selbst erzeugen oder fremd beziehen soll (make or buy). Outsourcing ist ein Teil dieses Problems.

(1) Make or buy

Die Überlegung Eigen- oder Fremdfertigung ist nicht neu. Deshalb mag eine Darstellung in Übersichtsform hier genügen (Endler 1992, S. 131):

	Gründe für die Eigenfertigung	Gründe für die Fremdfertigung
Qualität	* enge Zusammenarbeit zwischen Konstruktion und Fertigung bei Neuentwicklungen und Verbesserungen * laufende Kontrolle der Qualität * Ausnutzung eigener Schutzrechte und Fertigungs-Know-How * Aneignung spezif. Produktions-Know-Hows	* gezielte Problemlösungen durch Spezialisierung im Entwicklungsbereich * hohe Qualität durch Spezialisierung der Produktionsmittel * Einsatz umfassender Prüfmethoden auch bei kleineren Stückzahlen * Ausnutzung fremder Schutzrechte
Kapazitäten	* Auslasten vorhandener Kapazitäten - Personal - Sachmittel	* Abbau von Kapazitätsengpässen und damit gleichmäßige Auslastung der eigenen Fertigung * Vermeidung der Unterauslastung von spezialisierten Produktionsmitteln
Investitionen	* Verminderung steuerpflichtiger Gewinne durch Investitionen * Modernisierung und Spezialisierung des Sachmittelpotentials	* keine Kapitalbindung durch zusätzliche Investitionen * Konzentration der Finanzmittel auf wichtige Eigenfertigungsteile
Kosten	* Ersparung von - Lieferantengewinnen - außerbetrieblichen Transport- und Verpackungskosten * Unabhängigkeit von ungerechtfertigten Preiserhöhungen wegen Monopolstellung der Lieferanten	* geringe Stückkosten durch Spezialisierung und hohe Auslastung der Produktionsmittel * geringe Stückkosten durch Standortvorteile - Niedriglohnländer - Subventionen - keine Auflagen zum Umweltschutz * Verlagerung von Teilen mit geringem Beitrag zum finanziellen Unternehmenserfolg * geringe Entwicklungskosten * geringer Fixkostenanteil * geringe Lagerkosten
Termine	* schnelle Reaktion bei - Modelländerungen - Innovationen - Produktionsschwankungen durch kürzere Informations- und Organisationswege sowie direkte Weisungsbefugnis * Wegfall von Transportzeiten * genaue Überwachung der Termineinhaltung	* geringe Entwicklungszeit und kürzere Durchlaufzeiten wegen Spezialisierung * Abruf von Lieferungen nach Bedarf * Beseitigung von Terminengpässen in der eigenen Produktion
Risiko	* Geheimhaltung des vorhandenen Know-Hows vor der Konkurrenz * Verhinderung der Vorwärtsintegration von Lieferanten * Geheimhaltung von Neuentwicklungen	* Risikostreuung durch Verteilung auf mehrere Lieferanten * geringes Risiko bei Produktionsrückgang oder bei Entwicklungsfehlschlägen * kein Risiko durch Kauf ungeeigneter Produktionsmittel * kein Ausschußrisiko
Sonstige	* keine geeigneten Zulieferer auf dem Markt vorhanden * Verstärken der Unternehmensautonomie durch Erweitern der Fertigungstiefe * Transportprobleme	* Abwicklung von Gegengeschäften * Reklamationsmöglichkeiten * Bezug kleinerer Stückzahlen * Spezialisierung des eigenen Unternehmens auf Produkte mit wesentlichem Know-How-Anteil

Übersicht 39: Kriterien für Eigenfertigung und Fremdbezug

(2) Outsourcing

Outsourcing erfaßt Änderungsentscheidungen. Der Bedarf kann durch Auslagerungs-entscheidungen (betriebliche Funktionen werden vom Lieferanten übernommen: z.B. Produktion) oder durch Ausgründungsentscheidungen (die betrieblichen Potentiale und Funktionen werden verselbständigt: z.b. Produktionskapazität) befriedigt werden.

Durch Überprüfung der Kosten und Leistungen aller am Entstehungsprozeß eines Produktes beteiligten Prozeßstufen und durch Vergleich mit alternativen Realisations-möglichkeiten wird festgestellt, wer etwas besser machen kann. Das Besser kann sich auf die Senkung der Kosten, die Steigerung der Leistung (Qualität) oder die Steige-rung der Flexibilität (Anpassungsfähigkeit) erstrecken. Bei der Prüfung wird man sich auf das konzentrieren, was man besser als andere realisieren kann. Dabei bestehen Fragen nach der eigenen Kernkompetenz:

- Was will man besser als andere können?
- Was können andere besser?
- Besteht die Möglichkeit, eigene Aufgaben zu besseren als den eigenen Bedin-gungen auf andere zu verlagern?
- Ist mit der Verlagerung ein Kompetenzverlust verbunden?
- Beeinträchtigt der Kompetenzverlust die eigene Wettbewerbsposition?
- Kann die Verlagerung problemlos rückgängig gemacht werden?
- Sind langfristige Verträge möglich und sinnvoll, die den Kompetenzverlust min-dern?
- Besteht die Gefahr, daß mit dem eigenen Kompetenzverlust die Konkurrenz ge-stärkt wird (> Know-How-Transfer > Geheimhaltung)?

Dieses Besser kann sich auf alle betrieblichen Funktionen erstrecken. Einige Outsour-cingprobleme sollten nicht übersehen werden:

- Das Arbeitsplatzproblem: Bei der Auslagerung von Funktionen kann nicht immer für die verbliebenen Arbeitskräfte ein adäquater Arbeitsplatz gefunden werden.
- Das Know-How-Verlustproblem: Ausgelagerte oder ausgegründete Funktionen und Potentiale verringern die Entscheidungsrelevanz der Frage make-or-buy.
- Das Steuerungs- und Kontrollproblem: Externe Steuerung wirft im Regelfall größere Probleme als die inhouse-Steuerung auf. Das gilt auch für die Kontrolle.
- Das Wahlproblem: Nur wählbare Alternativen zählen. Mit der Ausgründung kann man die Alternativenzahl erhöhen.
- Das Synergieproblem: Bisherige Vernetzungen werden unterbrochen. Das Heraus-lösen von Bausteinen kann auch andere in Frage stellen.

4.3 Märkteanalyse und -auswahl

Auf welchen Märkten soll man nach Lieferanten suchen? Welche Märkte lassen welche Zielrealisierung zu? Ist global sourcing das Allheilmittel? Will man Märkte untersuchen, benötigt man Merkmale, anhand derer ein Vergleich möglich ist.

4.31 Märktemerkmale

In älteren Veröffentlichungen (Theisen 1970, Kraljic 1977) steht der Konkurrenzaspekt im Mittelpunkt der Betrachtung. Im einfachen Fall wird die Zahl der Marktteilnehmer (→ Marktformenlehre) als Differenzierungskriterium benutzt, im differenzierteren Modell beschreibt Kraljic den Einkaufsmarkt durch Gegenüberstellung des bewerteten Lieferantenmarktes mit der Stellung des eigenen Unternehmens. Wir wählen eine andere Vorgehensweise. Märkte lassen sich nach Leistungen, Kosten und Risiken differenzieren:

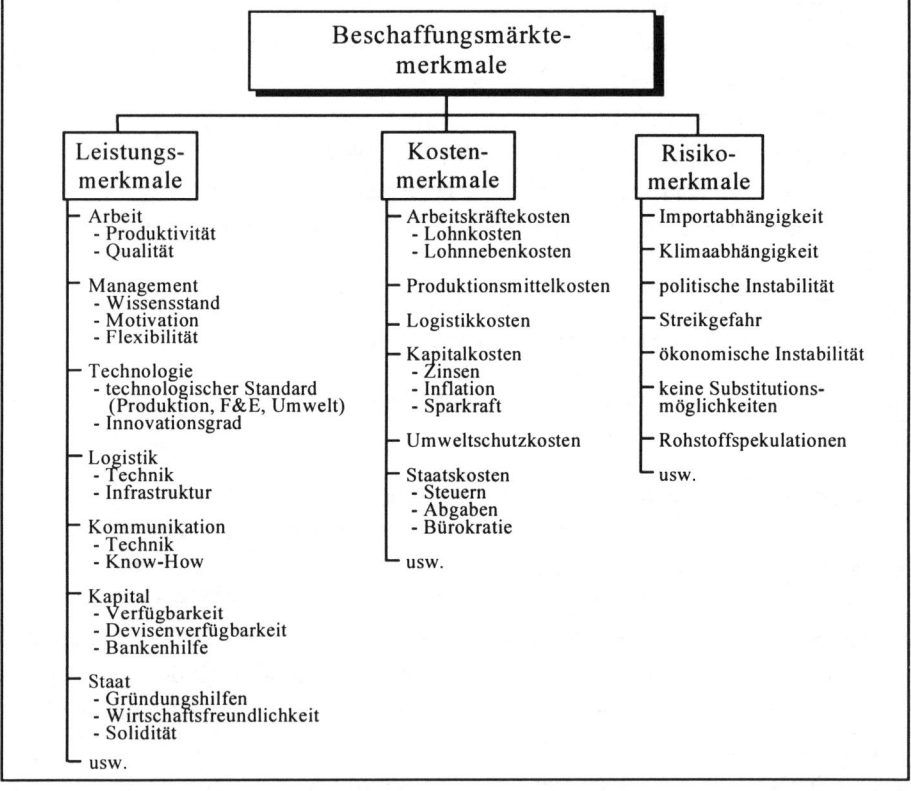

Übersicht 40: Wichtige Beschaffungsmärktemerkmale

Im Vordergrund sollte die Leistungsanalyse stehen. Erst dann interessieren die Bedingungen (Kosten, Risiken). Die Merkmale dürften auch ohne nähere Beschreibung verständlich sein. Bei der Prüfung dieser Merkmale sollte nicht nur der Jetzt-Zustand sondern auch der voraussichtliche Morgen-Zustand erhoben werden, um die Betrachtung von vornherein dynamisch anzulegen.

4.32 Märkteportfolio

Als Einstieg greifen wir auf folgende Übersicht zurück:

Beschaffungsobjekte ⟍ potentielle Lieferanten/ Märkte	alte, bewährte Lieferanten/ Märkte	angrenzende Lieferanten/ Märkte	neue Lieferanten/ Märkte
alte Beschaffungsobjekte	reiner Wiederholungskauf Festigung der Beziehungen	modifizierter Wiederholungskauf Beschaffungsmarkt- erweiterung	Beschaffungsmarkt- variation
modifizierte Beschaffungsobjekte	modifizierter Wiederholungskauf ähnliche Bedarfsobjekte auf allen Märkten	Beschaffungsmodifikation (Differenzierung oder Variation)	Beschaffungsmarkt- variation für modifizierte Bedarfsobjekte
neue Beschaffungsobjekte	Neukauf auf alten Märkten (reine Beschaffungs- variation)	Beschaffungsvariation unter Beachtung angrenzender Lieferanten	Beschaffungs- innovation

Übersicht 41: Produkte-Märkte-Matrix

Der reine Wiederholungskauf ist Routine, die Beschaffungsinnovation das Gegenteil. *global sourcing* wird man sicherlich nicht im Feld der Beschaffungsinnovation beginnen, weil neben dem Risiko des neuen Marktes auch das eines neuen Beschaffungsobjektes zu bewältigen wäre. Empfehlenswert dürfte das Feld der Beschaffungsmarktvariation sein.

Diese grobe Märktegliederung soll nun mit Hilfe der aufgeführten Merkmale weiter differenziert werden. Gewichtungen können hier nur ordinal (mehr/weniger) vorgenommen werden. Da Märkte nur aus der Perspektive des jeweiligen Beschaffungsobjektes interessant sind, greifen wir auf die bereits erwähnten entscheidungsbeschreibenden Merkmale zurück. Wenn wir die Marktmerkmale als Marktanforderungen verstehen, können wir diesen Anforderungen die Bedingung zuordnen:

externe Marktanforderungen	Bedingungen (Objekt-Merkmale)	Einzelprodukt	Billigprodukt	Normprodukt	bewährtes Prod.	Spitzenprodukt	innovatives Produkt	beschafferspezifisches Produkt	Mengenbedeutsamkeit	usw.
Leistungen	Arbeitsleistungen	X_1			X_2	X_1	X_1	X_1	X_2	
	Managementleistungen	X_1				X_1	X_1	X_1	X_2	
	Technologie	X_1				X_1	X_1	X_1		
	Logistikleistungen		X_1	X_1					X_1	
	Kommunikationsleistungen	X_1				X_1	X_1	X_1		
	Kapitalleistungen			X_2	X_2				X_2	
	Staatsleistungen			X_2	X_2		X_3	X_3		
Kosten	Arbeitskosten	X_2	X_1	X_1	X_1	X_2	X_2	X_2	X_1	
	Produktionsmittelkosten	X_2	X_1	X_1	X_1	X_2	X_2	X_2	X_1	
	Logistikkosten		X_1	X_1	X_1				X_1	
	Kapitalkosten		X_2	X_2	X_2				X_2	
	Umweltschutzkosten		X_2	X_2	X_2	X_3	X_2	X_2	X_2	
	Staatskosten	X_2	X_2	X_2	X_2	X_3	X_2	X_2	X_2	
Risiko	Importabhängigkeit		X_2		X_2				X_2	
	Klimaabhängigkeit		X_1	X_1	X_1				X_1	
	politische Instabilität		X_2		X_1	X_2	X_2	X_2	X_1	
	Streikgefahr	X_1	X_2		X_1	X_1	X_1	X_1	X_1	
	ökonomische Instabilität	X_1	X_2		X_1	X_1	X_1	X_1	X_1	
	keine Substitutionsmöglichkeiten					X_2	X_2	X_2		
	Rohstoffspekulationen				X_2	X_2			X_2	

Übersicht 42: Merkmalsspezifische Marktanforderungen

Auch hier bedeutet wiederum x_1: sehr bedeutsam, x_2: bedeutsam und x_3: weniger bedeutsam.

Daraus können wir für die jeweiligen Objekte im Marktraum Sollpositionen ableiten. Wenn wir ein spezifisches Objekt suchen (z.B. Spitzenprodukt), dann müssen wir Märkte identifizieren, die durch die jeweils angedeutete Position gekennzeichnet sind:

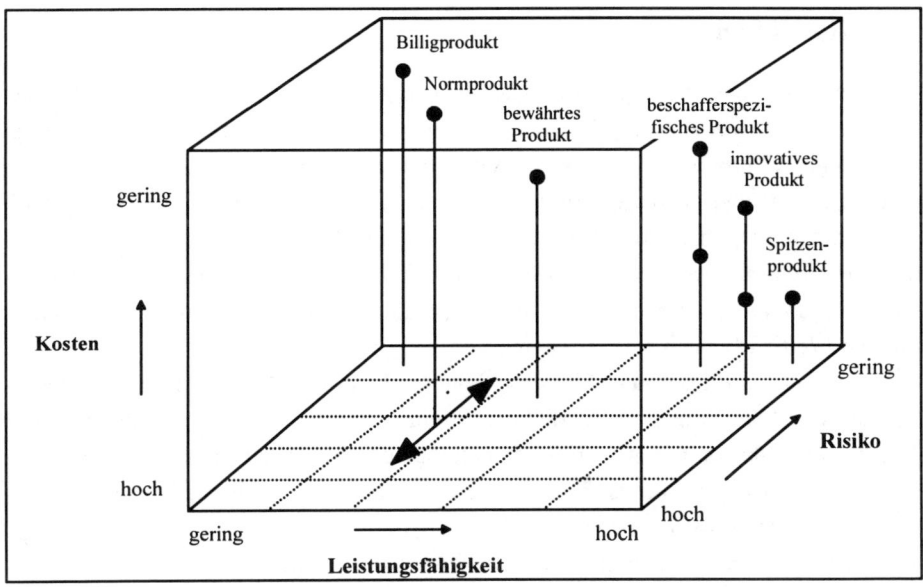

Übersicht 43: Merkmalsspezifische Märktepositionierung

Um den erwähnten Konkurrenzaspekt auch noch zu berücksichtigen, läßt sich dieses Märktepositionsmodell wie folgt verfeinern:

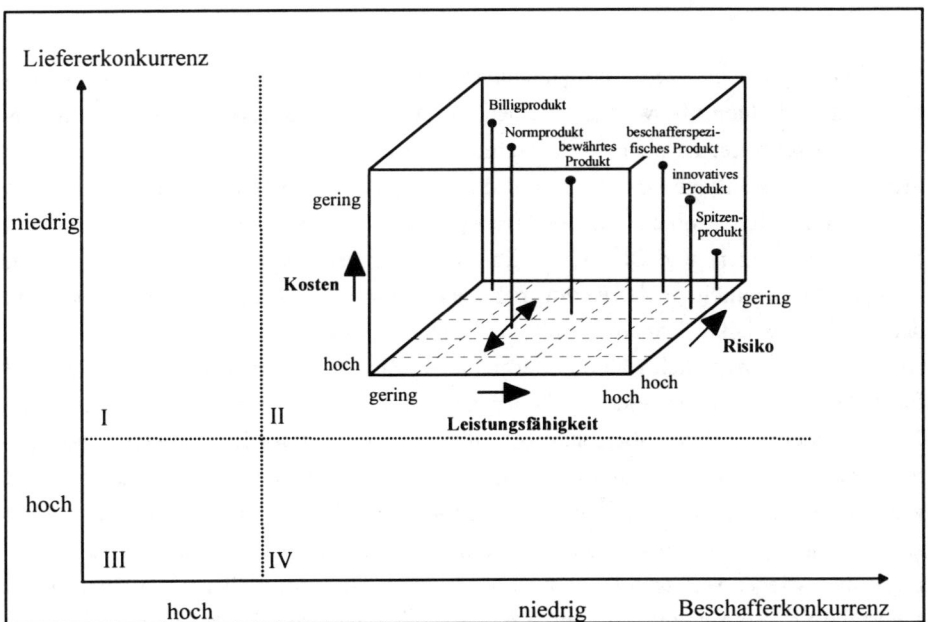

Übersicht 44: Zur Konkurrenzabhängigkeit der Märkteposition

4.33 Global Sourcing

Es bedarf kritischer Prüfung, ob die allenthalben geforderte Strategie des global sourcing das erfüllt, was sie verspricht. Diese Strategie folgt dem Handlungsstrang: global selling - global producing - global sourcing. Wenn ein Unternehmen nur in Deutschland produziert und dann exportiert, und für die deutsche Produktionsstätte weltweit einkauft, dann liegt nach dieser Vorstellung kein global sourcing vor. Das global sourcing kann zentral aber auch dezentral von den best-practice-Mandatsträgern im Konzern vorgenommen werden. Global sourcing tendiert zum single sourcing. Die Suche auf dem Weltmarkt nach bestgeeigneten Lieferanten bietet mehrere *Chancen*:

- *Preisschancen* dienen dem Kostensenkungsziel. Je nach Input- und Transformationskosten können sich im Verhältnis zu einem anderen Land günstige net barter terms of trade/commodity terms of trade herausgebildet haben, die eine genauere Analyse nahelegen. Dies ist bei IBM die Grundlage für die Alternative "eigene Produktion gegen Einkauf" bei neuen PCs.
- *Leistungsschancen* resultieren aus dem Innovationsverhalten und dem daraus folgenden Leistungsvorsprung im Ausland tätiger Unternehmen.
- *Flexibilitätschancen* ergeben sich aus der Kapazitätserweiterung durch Markterweiterung. Je weniger die eigene Nachfrage exakt prognostizierbar ist, um so problematischer wird die Mengen- und Leistungskomponente. Gibt es weltweit anbietende Unternehmen, können Differenzen in der Kapazitätsauslastung genutzt werden.

Den Chancen stehen *Barrieren* gegenüber. Die Könnensbarriere kann durch Sprach- und Kulturschulung überwunden werden, die Wollensbarriere (verfestigte Kulturvorurteile) ist schwerer zu nehmen. Verschiedene Risikobarrieren werden immer wieder genannt. Die räumliche Distanz erhöht das Zeitrisiko. Selbst rechtzeitig abgeschickte Ware kann durch Probleme in der Transportkette zu spät eintreffen. Distanz kann ebenso das Mengen- und Qualitätsrisiko erhöhen. Entstandene Fehler können nur mit teilweise beträchtlichem Zeitverzug behoben werden. Käufe im Ausland unterliegen dem Währungsrisiko. Daneben muß das Kostenrisiko des jeweiligen Landes bedacht werden. Wie werden sich Löhne, Energiepreise, Zinsen usw. entwickeln? Die Distanz führt ebenfalls zu einem höheren Steuerungsrisiko. Was im eigenen Haus von Tür zu Tür, bei einem in der Nachbarschaft befindlichen Lieferanten wie im eigenen Haus geregelt werden kann, muß nunmehr in weitaus formalisierteren Prozessen abgestimmt werden, die dazu noch erheblichen Störfaktoren unterliegen. Die Komplexität nimmt zu, die Planung wird schwieriger, die Planungsvorlaufzeit wächst, Planungsfehler haben schwerwiegende Auswirkungen, Korrekturen wirken mit größerer Verzögerung.
Maßstäbe der Entscheidungen sind Kosten-, Leistungs- und Risikokriterien. Bei den Kostenkriterien geht es neben den Beschaffungsobjektkosten um die gesamten Pro-

zeßkosten. Dabei ist wichtig, daß die Summe nicht nur heute, sondern auch noch morgen niedriger als bei nationaler Beschaffung ist. Auch bei den Leistungskriterien (Niveau, Konstanz, Zuverlässigkeit) muß vor allem an die morgigen Leistungen gedacht werden. Sehr viel schwerer sind die Risiken (politische, Währungs-, Klimarisiken). zu prognostizieren.

Barrieren können überwunden werden. Dazu sind Instrumente nötig. Instrumente zur individuellen Bereitschaftserhöhung sind das Sprachen- und Kulturlernen. Anreize sind dazu Auslandsaufenthalte, die wiederum als Karrierebedingung dienen. Zur Entscheidungsvorbereitung dienen Marktinformationen. In Abschnitt 4.71 werden wir uns der Marktforschung zuwenden. Insbesondere für kleinere Unternehmen bietet sich die Kooperation an. Gemeinsam mit einem oder mehreren gleichinteressierten Unternehmen sind Beschaffungskooperationen denkbar. Beschaffungsobjektkooperationen führen dazu, daß der eine für alle das Objekt X, der andere das Objekt Y einkauft. Mit Beschaffungsmarktkooperationen werden Märkte aufgeteilt und von jeweils einem Kooperationspartner verantwortet.

4.4 Lieferantenauswahl

Nachdem man festgelegt hat, wo man nach Lieferanten Ausschau halten will, muß nun überlegt werden, wie die Lieferanten geprüft und für die Verhandlung ausgewählt werden sollen. Dabei hat sich die folgende Struktur als zweckmäßig erwiesen:

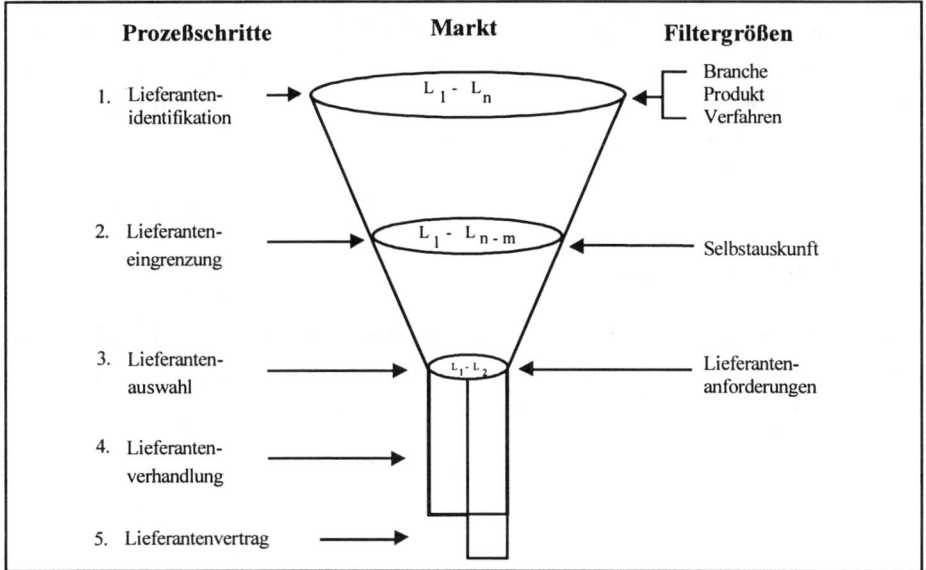

Übersicht 45: Ein Trichtermodell der Lieferantenauswahl

4.41 Lieferantenidentifikation

Wer liefert was? Wie soll man das herausfinden? Es liegt nahe, daß man zunächst produktbezogen sucht. Die reine Beschaffungsobjektorientierung ist zwar einfach und auch durchaus einsichtig, sie hat aber den Nachteil, daß sie vergangenheitsorientiert ist. Ein Hersteller, der bisher nur Wasserpumpen der Leistungsklasse A hergestellt hat, kann vielleicht noch mehr, bisher hat es nur keiner gewollt oder er hat seine Fähigkeiten nicht aktiv vermarktet.

Deshalb kann sich zur Lieferantenidentifikation die Betrachtung der weiteren *Branche* als sinnvoll erweisen. Es werden dann, um im Beispiel zu bleiben, alle Pumpenhersteller in Betracht gezogen. Aus diesem größeren Lieferantenkreis kann sich dann der eine oder andere Lieferant herausschälen, der z. B. auf der Suche nach Ausweitungsmöglichkeiten seines Pumpenprogramms ist. Er ist stark daran interessiert, mir Pumpen meiner gewünschten Leistungsklasse zu liefern, ohne sie bisher im Absatzprogramm gehabt zu haben. Aber auch hier bewegen wir uns noch auf markierten Pfaden. Wenn wir ein neues Teil, z. B. ein beschafferspezifisches Produkt, beschaffen wollen, können wir die Frage der Ähnlichkeit zu Vorhandenem stellen und dann nach der Ähnlichkeitsnähe suchen. Die Ähnlichkeit kann im Produkt liegen, das wäre der konventionellere Aspekt; sie kann aber auch durch die Verfahrenswahl geprägt sein. Wir suchen dann z. B. Lieferanten, die durch eine spezifische Verfahrensfähigkeit gekennzeichnet sind. Beispielsweise sucht man einen Hersteller für Schleuder-Gußteile in großer Menge mit hoher Leistungskonstanz. Hier nehmen wir bereits Bezug auf einige Bedarfsanforderungen, um den Schwerpunkt des Neuen einzugrenzen. Es dürfte zweckmäßig sein, sich auf nur wenige Anforderungen zu beschränken, um den Identifikationsaspekt nicht aus den Augen zu verlieren; auswählen wollen wir nach den objektspezifischen Anforderungen ja erst später.

4.42 Lieferanteneingrenzung

Bevor man sich den einen oder anderen Lieferanten näher ansieht, sollten die möglichen Lieferanten mit einem Fragebogen um *Selbstauskunft* gebeten werden. Folgende Fragenbereiche erscheinen als hilfreich:

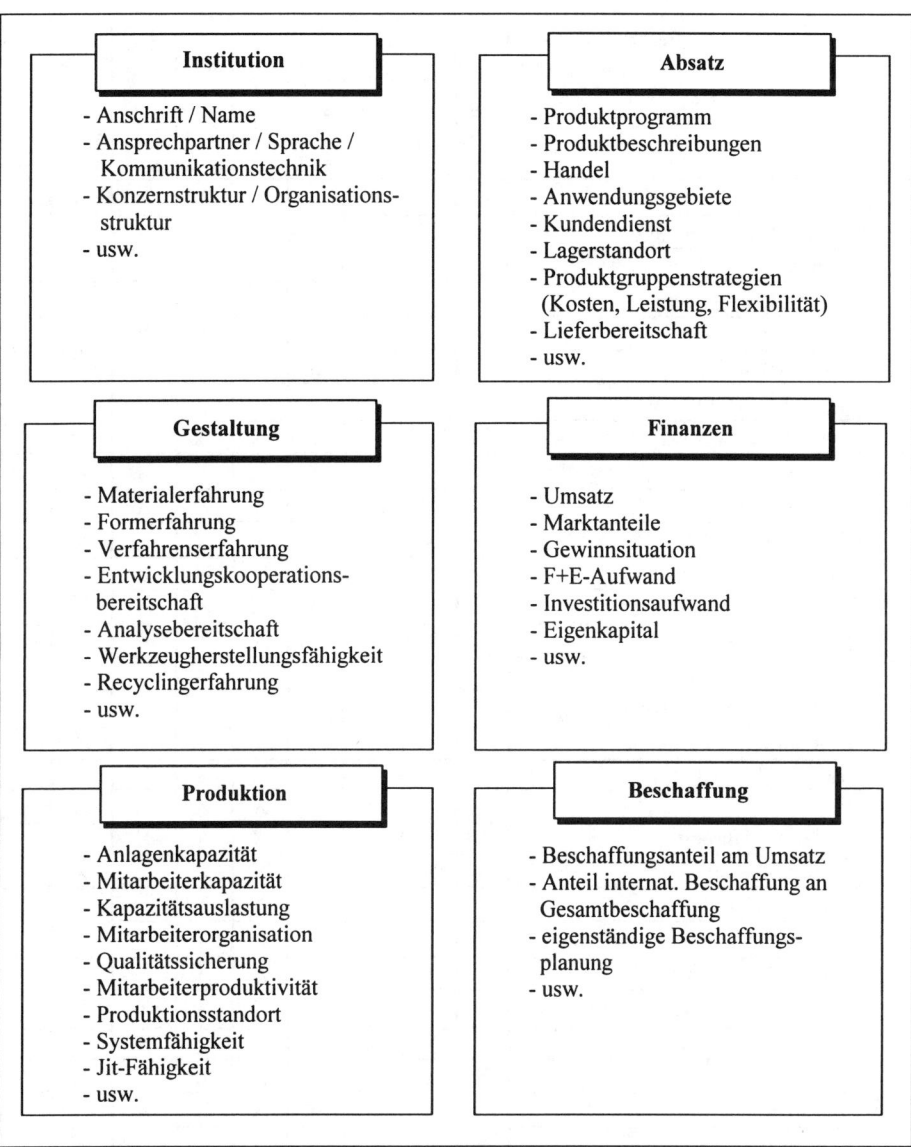

Übersicht 46: Struktur eines Selbstauskunftsfragebogens

Die Fragenbereiche dürften ohne nähere Erläuterung verständlich sein.

An die Fülle möglicher Lieferanten (L_1 - L_n) könnte nun eine derartige oder ähnlich strukturierte Selbstauskunftsübersicht mit der Bitte um Antwort gesandt werden. Die Antwortgeschwindigkeit, die Vollständigkeit und Präzision der Antworten sagen bereits etwas darüber aus, wie sich der potentielle Lieferant auf seinen möglichen Kunden einläßt.

Lieferantenmerkmale	Beschaffungsobjektmerkmale	Einzelprodukt	Billigprodukt	Normprodukt	bewährtes Produkt	Spitzenprodukt	innovatives Produkt	beschafferspezifisches Produkt	Mengenbedeutsamkeit	usw.
Absatz	Produktprogramm	X	X	X	X	X	X	X	X	
	Produktbeschreibungen	X	X	X	X	X	X	X	X	
	Handel			X						
	Anwendungsgebiete	X	X		X	X	X	X	X	
	Kundendienst	X			X	X	X	X		
	Lagerstandort		X		X	X	X	X	X	
	Kostensenkungsstrategien		X						X	
	Leistungssteigerungsstrategien	X			X	X	X	X		
	Flexibilitätssteigerungsstrategien				X	X	X	X		
	Lieferbereitschaft		X		X	X	X	X	X	
Produktion	Anlagenkapazität		X		X	X	X	X	X	
	Mitarbeiterkapazität				X	X	X	X		
	Kapazitätsauslastung	X	X		X	X	X	X	X	
	Qualitätssicherung	X	X		X	X	X	X	X	
	Mitarbeiterorganisation				X	X	X	X		
	Mitarbeiterproduktivität		X		X	X	X	X	X	
	Produktionsstandort								X	
	Systemfähigkeit	X	X		X	X	X	X	X	
	jit-Fähigkeit		X	X	X	X	X	X	X	
Gestaltung	Materialerfahrung	X	X		X	X	X	X	X	
	Formerfahrung	X	X		X	X	X	X	X	
	Verfahrenserfahrung	X	X		X	X	X	X	X	
	Entwicklungskoop.-bereitschaft					X	X	X		
	Analysebereitschaft		X		X	X	X	X	X	
	Werkzeugherstellungsfähigkeit				X	X	X	X	X	
	Recyclingerfahrung		X	X	X	X	X	X	X	
Finanzen	Umsatz	X	X		X	X	X	X	X	
	Marktanteile	X	X		X	X	X	X	X	
	Gewinnsituation	X	X		X	X	X	X	X	
	F+E-Aufwand					X	X	X		
	Investitionsaufwand					X	X	X	X	
	Eigenkapital	X	X		X	X	X	X	X	
Beschaffung	Beschaffungsanteil am Umsatz		X		X	X	X	X	X	
	internat. B./Gesamtbesch.		X		X				X	
	eigenständ. Beschaffungsplanung	X	X		X	X	X	X	X	

Übersicht 47: Lieferantensiebung durch Selbstauskunft

Vielfältige weitere, allerdings zusammenhanglose Dokumentationen, weiße Felder auf der Frageliste usw. lassen entweder auf geringe Professionalität oder begrenztes Interesse schließen. Nach diesen allgemeinen, noch wenig präzisen Auswahlüberlegungen müssen wir nun genauer prüfen, welchen Lieferanten wir aussieben und mit welchem wir uns weiterhin genauer auseinandersetzen wollen. Zur Lösung dieses Problems greifen wir wieder auf unsere bewährte Vorgehensweise zurück. Wir fragen, unter welchen Bedingungen (Wenn-Komponente) die lieferantenmerkmalsbezogenen Antworten (Dann-Komponente) auswahlentscheidend wirken. Wann folgt aus einer unbefriedigenden Antwort oder einer Nichtantwort eine K.O.-Entscheidung?

Mit Übersicht 47 kann man sich der Beantwortung dieser Fragen nähern:

In dieser Übersicht haben wir alle Lieferantenmerkmale grau hinterlegt, deren Nichtbeantwortung in der spezifischen Beschaffungssituation zum Lieferanten-ausschluß (K.O.) führt.

4.43 Lieferantenauswahl

In die Lieferantenauswahl gehen nun alle bisher erwähnten Aspekte ein. Wir können von folgender Struktur ausgehen:

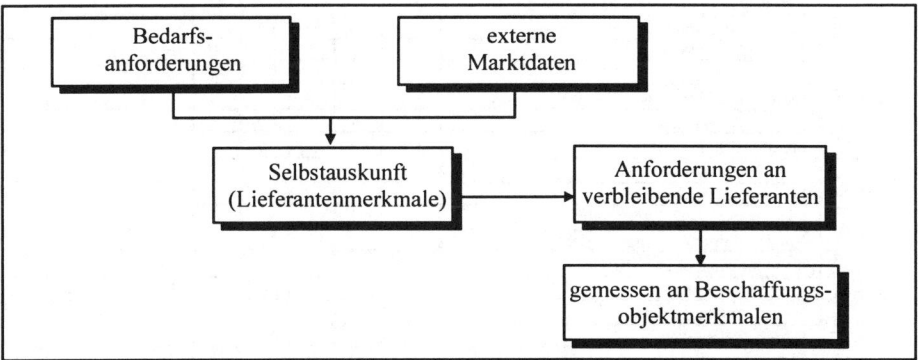

Übersicht 48: Zur Gewinnung von Lieferantenanforderungen

Im Mittelpunkt stehen die Bedarfsanforderungen (siehe Übersicht 35). Sie bilden den Ausgangspunkt für die Frage, ob es sich lohnt, mit einem der eingegrenzten Lieferanten zu verhandeln. Entsprechend der Gewichtung kann das nur bedeuten, daß ein Lieferant in der spezifischen Beschaffungssituation (z.B. Spitzenprodukt) zumindest alle x_1-Anforderungen erfüllen muß. Kann er das auch dann nicht zusagen, wenn die Objekte benötigt werden, ist damit ein weiteres KO-Kriterium gegeben.

Übersicht 49: Merkmalsspezifische Lieferantenanforderungen (1)

Lieferantenauswahlkriterien		Einzelprodukt	Billigprodukt	Normprodukt	bewährtes Produkt	Spitzenprodukt	innovatives Produkt	beschafferspezifisches Produkt	Mengenbedeutsamkeit	usw.
Mengenanforderungen	große Menge		x_1	x_1	x_2				x_1	
	kleine Menge	x_1				x_2	x_2	x_2		
	hohe Mengenflexibilität			x_2					x_2	
	hohe Mengenkonstanz				x_1	x_1	x_1	x_1	x_1	
Leistungsanforderungen	Gestaltungsmittelakzeptanz	x_1				x_1	x_1	x_1		
	Gestaltungsleistungsakzeptanz	x_1				x_1	x_1	x_1		
	Gestaltungsmittelveränderbarkeit							x_2		
	Leistungsveränderbarkeit					x_1	x_1	x_1	x_2	
	Langlebigkeit	x_2			x_1	x_2	x_2			
	Leistungskonstanz			x_1	x_1				x_1	
	Einsatzvariabilität	x_2	x_1							
	Leistungssichtbarkeit					x_1	x_1			
	hoher Technologiestand	x_1				x_1	x_1	x_1		
	Werkzeugherstellungsfähigkeit	x_2					x_2	x_2		
	Werkzeug- und Materialbeistellungsakzeptanz				x_2				x_3	
Zeitanforderungen	kurze Entwicklungszeit					x_2	x_1	x_1		
	kurze Produktionszeit		x_1		x_2				x_1	
	kurze Lieferzeit		x_1	x_1	x_2				x_1	
	Bereitstellungszeitpunkteinhaltung		x_1	x_1					x_1	
	Lieferzeitpunkteinhaltung	x_2	x_1	x_1	x_1				x_1	
	flexible Termingestaltung			x_2	x_2					
Ortsanforderungen	Lagerzugänglichkeit		x_3	x_3					x_2	
	Transportmittelanbindung		x_2	x_2					x_2	
	Lieferortakzeptanz		x_2	x_2	x_2				x_2	
Lieferungsanforderungen	Lieferzuverlässigkeit		x_1	x_2	x_1	x_1	x_1		x_1	
	Verpackungs- und Transportschutz	x_2				x_2	x_2	x_2		
	verarbeitungsgerechte Anlieferung		x_1	x_1	x_2				x_1	
	Vorrangbelieferung					x_2	x_2	x_1		
	Exklusivbelieferung					x_2	x_2	x_1		
	Lieferantensicherheit	x_1			x_1	x_1	x_1	x_1	x_1	
Entgeltanforderungen	Bereitschaft zur Kostenanalyse	x_1			x_1	x_2	x_2		x_1	
	Preissicherheit	x_2			x_2				x_2	
	lange Zahlungsziele	x_2					x_3			
	Leasingmöglichkeiten	x_2								
	leistungsbezogene Rabattstaffelung					x_2			x_2	
	Mindermengenzuschlagsverzicht			x_2	x_2					
Serviceanforderungen	Kundendienstbereitschaft	x_1				x_1	x_1	x_1		
	Recyclingbereitschaft	x_2	x_1	x_2	x_2	x_2	x_2	x_2	x_1	
	erweiterte Objektgarantie	x_1			x_2					
	Nachkaufsicherheit				x_1					
	Servicekapazität	x_3				x_3	x_3	x_3		
Informationsanforderungen	Informationskompetenz	x_2				x_1	x_1	x_1		
	Informationsbereitschaft	x_2				x_1	x_1	x_1		
	Problemlösungsbereitschaft	x_1				x_1	x_1	x_1		
	Geheimhaltung					x_2	x_2	x_1		
	Marktinformation					x_2	x_2	x_2		
	Anwendungsberatung	x_2				x_2	x_2	x_2		
	Marketingzusammenarbeit					x_2	x_2			

Übersicht 49: Merkmalsspezifische Lieferantenanforderungen (1)

Wir haben die Bedarfsanforderungen (siehe Übersicht 49) als Anforderungskriterien an Lieferanten benutzt und den Anforderungsbedingungen gegenübergestellt. Die tabellarische Bewertung verdeutlicht, wann welche Kriterien bedeutsam sind.

Ein Lieferant lebt in einem Markt, den er selbst nur geringfügig beeinflussen kann. Ein Lieferant mag noch so leistungsfähig, noch so interessant sein, wenn der Markt seine Leistungsfähigkeit entscheidend mindert, muß man auf ihn verzichten und nach dem Zweitbesten suchen. Deshalb müssen auch die Lieferantenumfeldkriterien geprüft werden. Es sind die lieferantenbezogenen Marktkriterien:

Lieferantenauswahlkriterien		Einzelprodukt	Billigprodukt	Normprodukt	bewährtes Produkt	Spitzenprodukt	innovatives Produkt	beschafferspezifisches Produkt	Mengenbedeutsamkeit	usw.
Leistungen	Arbeitsleistungen	X_1			X_2	X_1	X_1	X_1	X_2	
	Managementleistungen	X_1				X_1	X_1	X_1	X_2	
	Technologie	X_1				X_1	X_1	X_1		
	Logistikleistungen		X_1	X_1					X_1	
	Kommunikationsleistungen	X_1				X_1	X_1	X_1		
	Kapitalleistungen			X_2	X_2				X_2	
	Staatsleistungen			X_2	X_2		X_3	X_3		
Kosten	Arbeitskosten	X_2	X_1	X_1	X_1	X_2	X_2	X_2	X_1	
	Produktionsmittelkosten		X_1	X_1	X_1	X_2	X_2	X_2	X_1	
	Logistikkosten		X_1	X_1	X_1				X_1	
	Kapitalkosten		X_2	X_2	X_2				X_2	
	Umweltschutzkosten		X_2	X_2	X_2	X_3	X_2	X_2	X_2	
	Staatskosten	X_2	X_2	X_2	X_2	X_3	X_2	X_2	X_2	
Risiko	Importabhängigkeit		X_2		X_2				X_2	
	Klimaabhängigkeit		X_1	X_1	X_1				X_1	
	politische Instabilität		X_2		X_1	X_2	X_2	X_2	X_1	
	Streikgefahr	X_1	X_2		X_1	X_1	X_1	X_1	X_1	
	ökonomische Instabilität	X_1	X_2		X_1	X_1	X_1	X_1	X_1	
	keine Substitutionsmöglichkeit					X_2	X_2	X_2		
	Rohstoffspekulationen			X_2	X_2				X_2	

Übersicht 50: Merkmalsspezifische Lieferantenanforderungen (2)

Die bisherige Bewertung ist auf den Augenblick bezogen und damit prinzipiell rückwärts gerichtet. Was heute noch nicht ist, kann ja morgen noch werden. Wenn es gelingt, ein aufstrebendes Unternehmen zu finden, das steigerungswillig und -fähig ist, und man selbst zur Lieferantenentwicklung beitragen will, dann schließt sich der bisherigen statischen Betrachtungsweise eine dynamische an; wie das die folgende Übersicht zeigt.

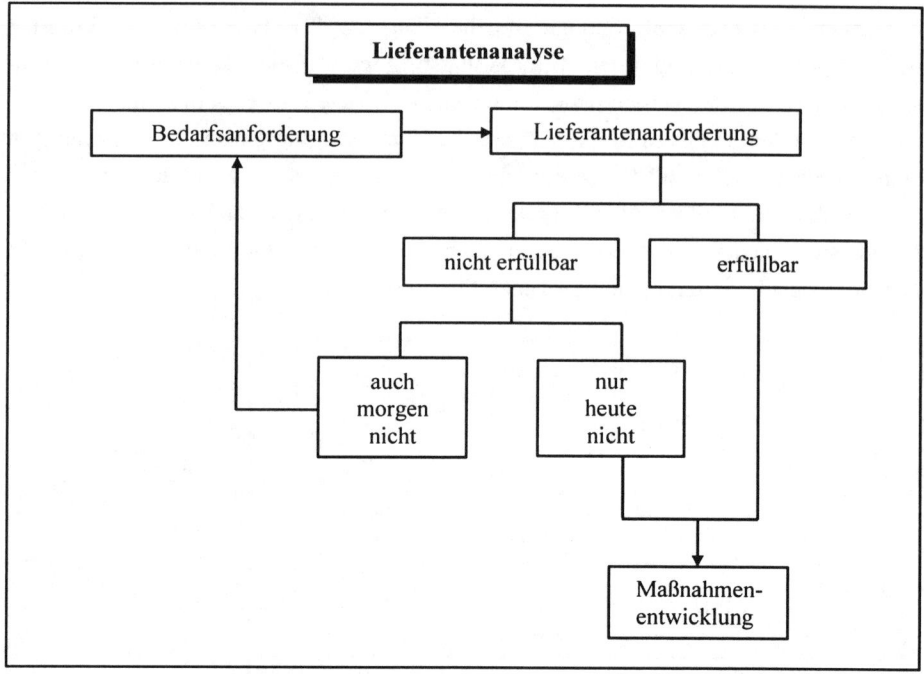

Übersicht 51: Zur dynamischen Lieferantenauswahl

Bei einer derartigen Betrachtung muß geprüft werden, mit welchem Input-/Output-Verhältnis man glaubt, rechnen zu können. Die Lieferantenentwicklung ist eine riskante Investition, deren Ergebnis sich nicht so ohne weiteres diskontieren läßt.

Wichtig festzustellen bleibt jedenfalls, daß neben der *Lieferantenpflege* bei einer vorwärts gerichteten Betrachtung auch der *Lieferantenentwicklung* große Bedeutung zukommen kann.

4.5 Lieferantenverhandlung

Im Rahmen der Lieferantenverhandlung geht es darum, die eigenen Bedarfsanforderungen entsprechend dem ökonomischen Prinzip mit einem möglichst wenig kostenden Mitteleinsatz beim Lieferanten umzusetzen. Das Verhandlungsergebnis muß entsprechend dem hier unterstellten theoretischen Bezug zur Koalitions- bzw. zur Anreiz-Beitrags-Theorie langfristig für beide Partner nützlich sein. Wir wollen ja eine Win-Win-Position erreichen. Das bedeutet für den Beschaffer: Er muß klären

- welche der Bedarfsanforderungen unbedingt erfüllt werden müssen,
- bei welchen Bedarfsanforderungen Modifikationen möglich sind,
- welche Bedarfsanforderungen unter Umständen verzichtbar erscheinen,

- welche Anreize ihm zur Verfügung stehen,
- welcher Kostenrahmen der Anreize nicht überschritten werden darf,
- welches kostenminimale Anreizmix gerade noch die unbedingt notwendigen Bedarfsanforderungen ermöglicht.

Entsprechend unserem gewählten prozessualen Aufbau können wir auf viele bereits gegebene Antworten zurückgreifen. In der Verhandlungsphase verdichtet sich eben das konkrete Beschaffungshandeln.

4.51 Instrumente der Lieferantenbeeinflussung (beschaffungspolitische Instrumente)

Im *Absatzmarketing* befaßt man sich vorrangig mit den dort so genannten Marketinginstrumenten. Im Beschaffungsbereich sieht das demgegenüber noch recht spärlich aus. Struktur und Alternativenreichtum lassen zu wünschen übrig. Deshalb läßt es sich auch nicht vermeiden, nach neuen Begriffen zu suchen, um mögliche Beeinflussungsbereiche zu erfassen. Hier muß Pionierarbeit geleistet werden.

Zunächst seien einige Anforderungen an die Entwicklung eines Instrumentalsystems erläutert:
- Wir wollen uns auf *Beeinflussungsinstrumente* der Marktpartner beschränken, entsprechend dem zweiten Merkmal zur Umschreibung des Marketing (Marketing befaßt sich mit der Lösung der Probleme anderer, um damit die eigenen Ziele zu verwirklichen; Marketing erstreckt sich auf die Beeinflussung der Austauschbeziehungen zur eigenen Zielerfüllung).
- Wir wollen uns um eine einsichtige und übersichtliche *Beeinflussungsstruktur* für die vielfältigen Instrumente bemühen. Die Struktur muß so breit angelegt sein, daß nicht nur die benutzten Instrumente, sondern auch neue, bisher unübliche Instrumente, integrierbar sind. Wenn es dabei gelingt, eine Ähnlichkeit zur Struktur der Absatzinstrumente zu generieren, dann wäre der Lernaufwand für diejenigen geringer, die den Absatzbereich bereits kennen.
- Wir wollen versuchen, die Instrumente auf möglichst ähnlichen *Abstraktionsstufen* anzusiedeln. Im Absatzbereich haben wir mit der Dreiteilung in *Instrumente, Instrumentalvariablen* und *Variablenausprägungen* (Koppelmann 1996, S. 475 ff.) eine nützliche Trennung in unterschiedliche Abstraktionsniveaus gefunden. Das scheint auch im Beschaffungsbereich prinzipiell möglich.
- Wir wollen eine möglichst umfangreiche *Instrumentaltoolbox* entwickeln, um einen Alternativenraum zu schaffen. Die bisherigen Praxiserfahrungen zeigen nämlich, daß eine hohe Instrumentalroutine vorherrscht. Instrumente, die man kennt, werden

78

immer wieder benutzt, ohne zu überlegen, ob es nicht noch andere, in der konkreten Situation besser geeignete, gibt. Der hier unterstellte Entscheidungsbezug verlangt ja gerade Instrumental*alternativen.*

– Bei der Entwicklung der Instrumente müssen wir beachten, daß der hier theoretisch unterstellte *Anreiz-Beitrags-Charakter* auch gewahrt bleibt. Dabei ist es möglich, daß einzelne Instrumente vorrangig Forderungsinstrumente, andere vorrangig Anreizinstrumente bilden; in der Mehrzahl der Fälle werden wir es in Abhängigkeit von der Entscheidungssituation mit beiden Ausprägungsmöglichkeiten zu tun haben.

Bei der Suche nach einem facettenreichen Instrumentalpool bietet sich der Blick auf die Instrumente des Absatzmarketing an. Mit ihnen wird versucht, den Einkäufer zu beeinflussen. Durch Analogieschlüsse kann es gelingen, Beeinflussungsinstrumente in der umgekehrten Richtung zu entwickeln. Dies deutet bereits die folgende Übersicht an:

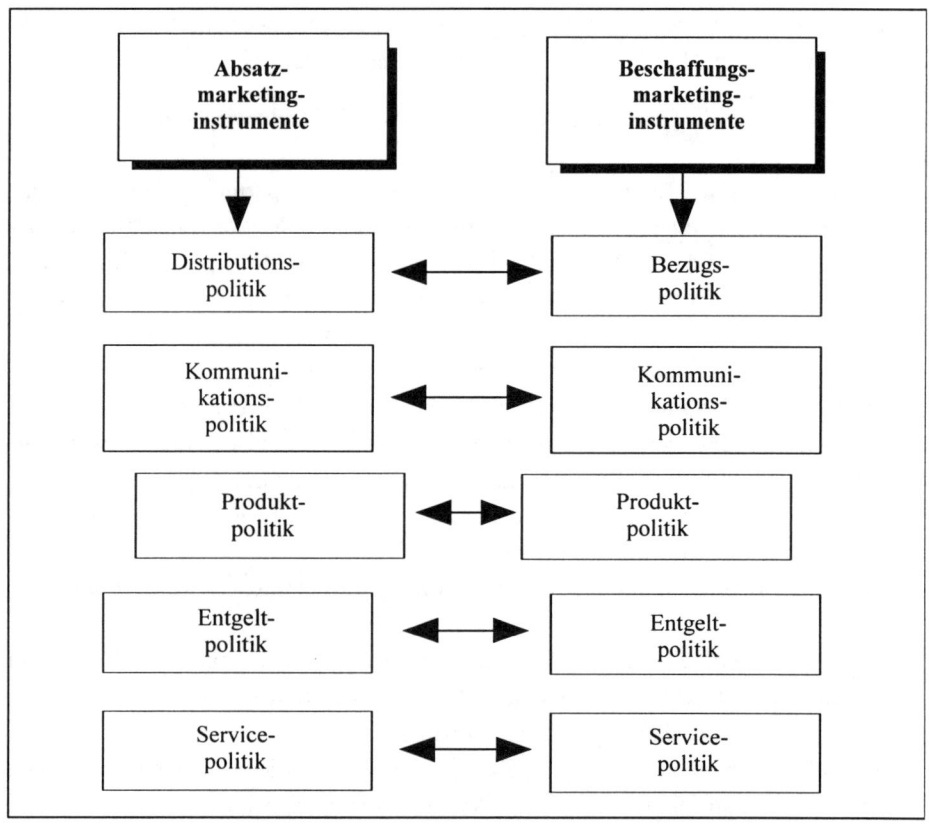

Übersicht 52: Analogien zwischen Absatz- und Beschaffungsinstrumenten

Entsprechend der geänderten Blickrichtung sprechen wir jetzt von Bezugspolitik. Als herausragendes Instrument (→ Kerninstrument) ist die Produktpolitik anzusehen. Bei der Betrachtung der einzelnen Instrumente wollen wir gleichzeitig Bezug nehmen auf die erwähnte Anreiz-Beitrags-Theorie (s. Abschnitt 2.12). Da wir entsprechend dem ökonomischen Prinzip versuchen, ein fixiertes Ergebnis (Bedarf) mit Instrumenten zu erreichen, die uns möglichst wenig kosten, muß deutlich werden, welche Anreizwirkungen möglich sind. Dem folgend läge es nahe, alle Instrumente nach dem Forderungs- und Anreizaspekt zu gliedern. Darauf wollen wir deshalb verzichten, weil viele Instrumente in Abhängigkeit von der jeweiligen Unternehmenslage ambivalent sind - sie können sowohl Forderungs- als auch Anreizcharakter aufweisen.

4.511 Produktpolitik

Wir können von Übersicht 53 ausgehen.

(1) Die Instrumentalvariable *Produktentwicklungspolitik* richtet sich auf Überlegungen, wer die Entwicklung durchführt und auf den Neuigkeitsgrad. Als Variablenausprägungen ergeben sich somit:
- *Eigenentwicklung*: Das Beschaffungsobjekt (BO) wird vom Beschaffer selbst entwickelt.
- Lieferantenentwicklung: Das BO wird vom Lieferanten entwickelt.
- Drittentwicklung: Ein auf Entwicklungen spezialisiertes Unternehmen (also weder der Lieferant noch der Beschaffer) entwickelt das BO.
- Partnerentwicklung: Das BO wird gemeinsam vom Beschaffer und Lieferanten/Dritten entwickelt.
- Neuentwicklung: Das BO wird vollständig neu entwickelt.
- Weiterentwicklung: Das BO wird während der laufenden Produktion verbessert.

Die *Eigenentwicklung* wird eher eine Forderung sein; sie kann ein Anreiz dann für den Lieferanten sein, wenn er keine Entwicklungsabteilung besitzt, seine Entwicklungsabteilung vollständig ausgelastet ist und er weiß, daß der Beschaffer seine Produktionsbedingungen beachtet. Vice versa können wir die *Lieferantenentwicklung* werten: Sie ist sehr wahrscheinlich ein Anreiz, weil die Lieferantenkapazität genutzt wird, der Lieferant auf seine Produktionsbedingungen hin entwickelt; sie hat Forderungscharakter, wenn der Beschaffer selbst über keine geeignete Entwicklungskapazität verfügt. Wenn beide über keine geeignete Entwicklungskapazität verfügen, wird die Instrumentalvariablenausprägung *Drittentwicklung* sicherlich Forderungscharakter, aus der Sicht des Lieferanten, sieht man den Entlastungsaspekt, möglicherweise auch Anreizcharakter haben. Und schließlich wird man bei der gemeinsamen Entwicklung sowohl Forderungs- als auch Anreizcharakter unterstellen können (*Partnerentwicklung*). Die *Neuentwicklung* hat sicherlich primär Forderungscharakter, gleichgültig, wer sie durchführt. Soll sie der Lieferant realisieren, genießt sie auch großen Anreizcharakter,

80

der möglicherweise damit gekoppelt sein kann, daß der Lieferant mit dem neuen Produkt selbst wächst. Die *Weiterentwicklung* als Produktverbesserung wird vom Beschaffer sicherlich gefordert; sie stört eher den gleichförmigen Funktionsablauf des Lieferanten, besitzt für ihn allerdings Bindungswirkung zu seinem Kunden.

Produktpolitik

Instrumental-variable	Variablenausprägung		
	Forderungen		Anreize
Produkt-entwicklungs-politik		Eigenentwicklung Lieferantenentwicklung Partnerentwicklung Drittentwicklung Neuentwicklung Weiterentwicklung	
Produkt-gestaltungs-politik		Gestaltungsvorschriften Leistungsvorschriften geringe Gestaltungstoleranzen Beschaffermarkierung Lieferantenmarkierung Produkteinpassung Produktanpassung	
Produkt-herstellungs-politik		geringe Realisationstoleranzen Materialbeistellung Werkzeugbeistellung	
Produkt-modifikations-politik		Produktvereinheitlichung Produktdifferenzierung Produktveränderung Produktleistungskonstanz Produktleistungs-veränderbarkeit	
Produkt-programm-politik		Produktselektionspolitik Produktmixpolitik	
Produkt-verwendungs-politik		Produktgestaltungszusagen Produktverwendungszusagen	

▬ weniger wahrscheinlich   ▬▬ wahrscheinlich   ▬▬▬ sehr wahrscheinlich

Übersicht 53: Produktpolitische Instrumentalvariablen und Variablenausprägungen

(2) *Produktgestaltungspolitik* erfaßt die Freiheitsgrade und Markierungsaspekte. Verschiedene Ausprägungen kommen vor:

- *Gestaltungsvorschriften*: Die Produktgestaltung wird seitens des Beschaffers mittels Zeichnungen etc. vorgegeben.
- *Leistungsvorschriften*: Im Pflichten-/Lastenheft sind die zu erbringenden Leistungen enthalten; damit wächst der Freiheitsgrad der Gestaltung für den Lieferanten.
- *Geringe Gestaltungstoleranzen*: Die Gestaltung muß innerhalb enger Toleranzen ausgeführt werden; die Alternative weite Gestaltungstoleranzen dürfte nur selten vorkommen.
- *Beschaffermarkierung*: Der Lieferant soll das BO mit dem Markenzeichen des Beschaffers versehen.
- *Lieferantenmarkierung*: Der Lieferant darf sein Produkt mit seinem Zeichen versehen.
- *Produkteinpassung*: Der Lieferant muß bei der Gestaltung auf das Zusammenpassen zu anderen Komponenten/Aggregaten achten (Integralqualität).
- *Produktanpassung*: Der Beschaffer ist bereit, auf Katalogware des Lieferanten zurückzugreifen.

Die *Gestaltungsvorschriften* dürften eher Forderungscharakter haben; dies gilt auch für die *Leistungsvorschriften* - das Korsett des Lieferanten wird unterschiedlich eng geschnürt. Noch enger wird es bei *geringen Gestaltungstoleranzen*. Will man sein Markenzeichen auf dem Beschaffunsobjekt plazieren (*Beschaffermarkierung*), so soll eine hohe Fertigungstiefe vorgetäuscht werden; auch das Ersatzteilgeschäft wird man dann meist selbst durchführen. Im Regelfalle hat das einen hohen Forderungscharakter. Entsprechend hoch ist der Anreizcharakter bei der *Lieferantenmarkierung*. Bei der *Produkteinpassung* wird vom Lieferanten nicht nur eine einzeloptimale Lösung gefordert, sondern auch die Bezugnahme zu anderen Komponenten, Teilen, die der Beschaffer verwendet - der Forderungscharakter ist offenkundig. Umgekehrt ist es bei der *Produktanpassung*; hier paßt sich der Beschaffer mit seinen Wünschen dem beim Lieferanten Vorhandenen an.

(3) *Produktherstellungspolitik:* Noch ist der Kranz der Forderungen und Anreize bezogen auf die Herstellungspolitik begrenzt:
- *Geringe Realisationstoleranzen*: Der Produktionsprozeß muß eine sehr konstante Produktqualität sichern.
- *Materialbeistellung*: Der Lieferant verwendet das vom Beschaffer zur Verfügung gestellte Material.
- *Werkzeugbeistellung*: Der Lieferant verwendet das vom Beschaffer zur Verfügung gestellte Werkzeug.

Hier kann man bei allen Variablenausprägungen davon ausgehen, daß sie starken Forderungscharakter besitzen.

(4) Die *Produktmodifikationspolitik* beinhaltet die Veränderung des Bestehenden:
- *Produktvereinheitlichung*: Statt verschiedener spezieller Produkte sollen diese durch ein standardisiertes BO ersetzt werden.
- *Produktdifferenzierung*: Statt eines Produktes sollen mehrere Produkte jeweils leistungsspezifisch verwendet werden. Der Lieferant muß in der Lage sein, verschiedene Ausführungen herzustellen.
- *Produktveränderung*: Das bisherige Produkt soll durch eine neue Ausführung ersetzt werden.
- *Produktleistungskonstanz*: Konstante Produktleistungen im Zeitablauf.
- *Produktleistungsveränderbarkeit*: Das BO soll sowohl eine Leistungsreduktion als auch eine Leistungssteigerung ermöglichen.

Die *Produktvereinheitlichung* hat sowohl Anreiz- wie Forderungscharakter. Wenn man gemeinsam nach Möglichkeiten der Kostensenkung sucht, kommt dies auch den Wünschen des Lieferanten nach Nutzung von Kostendegressionspotentialen entgegen. Dies lohnt sich für ihn vielfach aber nur bei deutlicher Mengensteigerung (single sourcing). Im Regelfall deutlicher tritt der Anreizcharakter zutage, wenn man *Produktdifferenzierung* betreibt, da mit der Differenzierung Ertragsanreize verbunden sein können. Im Regelfall wächst damit die Abhängigkeit des Beschaffers vom Lieferanten. Die *Produktveränderung* ist beispielsweise das Ergebnis eines Relaunches, im Rahmen der Modellpflege wird der Kühlergrill, die Stoßstange, usw. eines Pkw verändert. Das ist eher eine Forderung. Der Lieferant benötigt neue Werkzeuge, Abläufe usw. Die *Produktleistungskonstanz* ist eine eindeutige Forderung des Beschaffers. Die *Produktleistungsveränderbarkeit* erstreckt sich auf die Produktabmagerungsmöglichkeit wie auch auf die -aufwertungsmöglichkeit. Dies kann sowohl eine Forderungs- als auch eine Anreizmaßnahme sein.

(5) Die *Produktprogrammpolitik* ist auch noch recht wenig differenziert:
- *Produktselektionspolitik*: Aus dem Lieferprogramm werden nur einzelne, besonders interessante Produkte ausgewählt.
- *Produktmixpolitik*: Es werden größere Programmteile des Lieferanten bezogen.

Die *Selektionspolitik* ("Rosinenpicker") ist eindeutig forderungsorientiert, die *Mixpolitik* anreizorientiert.

(6) Die *Produktverwendungspolitik* erstreckt sich auf:

– *Produktgestaltungszusagen*: Dem Lieferanten werden Zusagen über die weitere Verarbeitung des BO gemacht.

– *Produktverwendungszusagen*: Dem Lieferanten werden Zusagen über den Einsatz des BO in nur bestimmten Endprodukten gemacht.

Insbesondere bei Verkäufermärkten, bei Verkaufsunwilligkeit des Lieferanten, bei starkem Interesse des Lieferanten an einer vertikalen Qualitätspolitik sind das Anreize, um ihn lieferwillig zu stimmen.

Dieses offene Instrumentalsystem bedarf der ständigen Überprüfung und Ergänzung.

4.512 Servicepolitik

Der Erläuterung wollen wir wiederum Übersicht 54 voranstellen:

(1) Mit der *Lieferantenunterstützungspolitik* hilft der Beschaffer dem Lieferanten mit:

– *Forschungs- und Entwicklungshilfen*
– *Gestaltungshilfen (Konstruktion/Design)*
– *Fertigungshilfen*
– *Beschaffungshilfen*
– *Absatzhilfen*
– *Finanzhilfen*
– usw.

Diese funktionsbereichsbezogenen Hilfen können Planungshilfen und/oder Instrumentalhilfen (z. B. Sachmittel, Personal) sein. Gerade die Planungshilfen spielen beim system-sourcing eine große Rolle. So kann man zwar in den Verhandlungen eine 30 %ige Preissenkung fordern, hilfreich ist es dann allerdings, wenn man gleichzeitig gemeinsam überlegt, wie das realisiert werden kann. Hier entdeckt man neue Zusammenarbeitsformen zwischen Automobilherstellern und Zulieferern. Die Lieferantenunterstützung hat expressis verbis starken Anreizcharakter.

Dieser Service kann sich auf Informationen konzentrieren. Dann ist ein enger Zusammenhang zur Unternehmensberatung (Know-How-Transferpolitik im Rahmen der Kommunikationspolitik) gegeben. Der Service kann aber auch darüber hinausgehen. Um die Abgrenzung deutlich zu machen, sei hier der Anreizcharakter, dort der Forderungscharakter betont.

	Servicepolitik	

Instrumental-variable	Variablenausprägung	
	Forderungen	**Anreize**
Lieferanten-unterstützungs-politik		Forschungs- und Entwicklungshilfen — ▬▬
		Gestaltungshilfen ▬▬
		Fertigungshilfen ▬▬
		Beschaffungshilfen ▬▬
		Absatzhilfen ▬▬
		Finanzhilfen ▬▬
Lieferungs-politik	▬▬	Zustellen
		Abholen
	▬▬	Lieferbereitschaft ▬▬
	▬▬	Lieferzuverlässigkeit
		Abnahmebereitschaft ▬▬
		Abnahmezuverlässigkeit ▬▬
	▬▬	Lieferqualitätseinhaltung
		Abnahmetoleranz ▬▬
Kundendienst-politik	▬▬	Produktionsgerechte Anpassung ▬
	▬▬	Absatzgerechte Anpassung ▬
	▬▬	Montage/Entwicklung/Probelauf
	▬▬	Wartung/Reparatur/Instandhaltung ▬
	▬▬	Ersatzteilversorgung ▪
	▬▬	Personalhilfen
	▬▬	Sachhilfen
	▪	Kundendienstübernahme ▬▬
	▬▬	Recyclinghilfen ▬▬
Garantiepolitik	▬▬	Garantieumfang
	▬▬	Garantiedauer
	▬▬	Garantieleistung
	▪	Kulanz
Leistungs-sicherungs-politik	▬▬	Qualitätsauditierung ▬▬
	▬▬	Qualitätsdokumentation ▬▬
	▬▬	Nullfehlerkonzeption ▬▬
	▬▬	Total-Quality-Management ▬▬

▬ wenig wahrscheinlich   ▬▬ wahrscheinlich   ▬▬▬ sehr wahrscheinlich

Übersicht 54: Servicepolitische Instrumentalvariablen und Variablenausprägungen

(2) Die *Lieferungspolitik* erstreckt sich darauf, wie das Beschaffungsobjekt zum Beschaffer gelangt:

- *Zustellen*: Das BO wird an den vom Beschaffer gewünschten Ort (z. B. Lager, Produktionsort) geliefert.
- *Abholen*: Der Beschaffer oder von ihm Beauftragte holen das BO beim Lieferanten ab.
- *Lieferbereitschaft*: Der Lieferant kann zum gewünschten Zeitpunkt das Gewünschte liefern.
- *Lieferzuverlässigkeit*: Der Lieferant sorgt dafür, daß vereinbarte Termine, Mengen, Arten und Orte eingehalten werden.
- *Abnahmebereitschaft*: Der Beschaffer sorgt dafür, daß das BO zu jeder Zeit (Tageszeit) angenommen wird.
- *Abnahmezuverlässigkeit*: Der Beschaffer hält vereinbarte Mengen- und Qualitätszusagen ein.
- *Lieferqualitätseinhaltung*: Der Lieferant sichert die konstante Lieferqualität.
- *Abnahmetoleranz*: Bei geringfügigen Lieferfehlern reagiert der Beschaffer kulant.

Deutlich wird bei diesen Variablenausprägungen das Bemühen um gemeinsame Kostensenkung.

Bei diesen Variablenausprägungen ist das Forderungs-Anreiz-Bild differenzierter. Die *Zustellung* ist prinzipiell eine Forderung, das *Abholen* dagegen eher Anreiz. *Lieferbereitschaft* und *-zuverlässigkeit* sind Forderungen des Beschaffers, denen er als Anreize *Abnahmebereitschaft* und *-zuverlässigkeit* gegenüberstellt. Ebenso polar ist die *Lieferqualitätseinhaltung* als Forderung und die *Abnahmetoleranz* als Anreiz.

(3) Die Ausprägungen der *Kundendienstpolitik* sind bekannt:

- *Produktionsgerechte Anpassung*: Das BO wird so geliefert, daß es direkt in den Produktionsprozeß einfließen kann.
- *Absatzgerechte Anpassung*: Das BO wird so geliefert, daß es direkt weiterverkauft werden kann.
- *Montage/Entwicklung/Probelauf*: Der Lieferant muß Montage/Entwicklung/ Probelauf sicherstellen.
- *Wartung/Reparatur/Instandhaltung*: Der Lieferant muß regelmäßig Wartung/Reparatur/Instandhaltung in fixierten Zeiträumen schnell durchführen.
- *Ersatzteilversorgung*: Der Lieferant muß eine schnelle, leistungsadäquate und langfristige Ersatzteilversorgung gewährleisten.
- *Personalhilfen*: Der Lieferant stellt dem Beschaffer bei auftretenden Problemen Fachpersonal zur Verfügung.

– *Sachhilfen*: Der Lieferant stellt im Bedarfsfall Sachmittel zur Verfügung.

– *Kundendienstübernahme*: Der Beschaffer übernimmt den Kundendienst für den Lieferanten.

– *Recyclinghilfen*: Der Lieferant übernimmt fachgerecht das Recycling bzw. den Wertstoffverkauf.

Einige dieser Variablenausprägungen bilden Gegenstücke zu denen der Lieferanten-unterstützungspolitik. Bei diesen Variablenausprägungen finden wir häufig ein So-wohl-Als-Auch bei der Anreiz-Forderungs-Charakterisierung. Zuerst ist die *produkti-onsgerechte Anpassung* eine Forderung. Verfügt der Lieferant über Einrichtun-gen/Verfahren zu ihrer Durchführung, wird er sie nutzen wollen: das hat dann An-reizcharakter.

Das gleiche gilt für die *absatzgerechte Anpassung* (z. B. flexible Verpackungsstraße). Eher Forderungen sind *Montage/Entwicklung/Probelauf*. Differenzierter sieht das in der nächsten Stufe aus. Mit *Wartungs-/Reparatur-/Instandhaltungsarbeiten* kann man Geld verdienen, manchmal mehr als beim Produktverkauf. Die *Ersatzteilversorgung* hat eher Forderungscharakter, sie ist für den Lieferanten eher hinderlich, es sei denn, er kann akzeptable Preise erzielen.

Die *Personal- und Sachhilfen* als Gegenpol zu den Lieferantenunterstützungs-maßnahmen haben eindeutig Forderungscharakter. Die *Kundendienstübernahme* hat für den Lieferanten eventuell entlastende Bedeutung, gerade bei speziellen Kompo-nenten; für den Beschaffer kann sie ein neues interessantes Geschäftsfeld werden. So-lange beim Recycling das Suchen noch im Vordergrund steht, wird man häufig nach Hilfen beim Lieferanten suchen. Verfügt er über gute Erfahrungen, ist das für ihn eine willkommene Differenzierungshilfe.

(4) Die *Garantiepolitik* ist aus dem Absatzbereich gemeinhin bekannt:

– *Garantieumfang*: Der Lieferant gewährt den gewünschten Umfang.

– *Garantiedauer*: Der Lieferant akzeptiert die gewünschte Dauer.

– *Garantieleistung*: Der Lieferant akzeptiert die gewünschten Garantieleistungen.

– *Kulanz*: Vom Lieferanten wird bei Streitfällen Entgegenkommen erwartet.

Der *Kulanz*aspekt ist zwar außerordentlich schwer operationalisierbar, dennoch sehen Praktiker dies als ein wichtiges Forderungsinstrument an. Auf alle anderen Variablen-ausprägungen trifft ebenfalls dieser Forderungscharakter zu.

(5) Die *Leistungssicherungspolitik* gewinnt im Rahmen des Total-Quality-Managements (TQM) und der just-in-time-Produktion erheblich an Bedeutung:

- *Qualitätsauditierung*: Der Lieferant realisiert konkrete Qualitätssicherungsmaßnahmen.
- *Qualitätsdokumentation*: Der Lieferant gewährleistet eine lückenlose Dokumentation der Qualitätssicherungsmaßnahmen.
- *TQM*: Der Lieferant hat die organisatorische Durchsetzung eines durchgängigen Nullfehlerkonzepts realisiert.
- *Zeitkontrolle*: Der Lieferant informiert automatisch über den Zeitfortschritt und sorgt für die Minimierung von Zeitfehlern.

In der Mehrzahl der Fälle wird es sich bei diesen Variablenausprägungen noch um Forderungen handeln. Bei den Lieferanten, die darüber verfügen, bilden diese Instrumente wiederum eine gute konkurrenzdifferenzierende Ausgangslage.

4.513 Bezugspolitik

Wir gehen von Übersicht 55 aus.

(1) Die *Bezugsmengenpolitik* hätte man auch als quantitativen Aspekt der Produktpolitik subsumieren können. Wir stellen hier den Bezugsaspekt heraus. Zur begrifflichen Klarstellung: Die *Bedarfsmenge* erfaßt die Gesamtmenge eines Beschaffungsobjektes pro Planperiode. Die *Bestellmenge* ist der Teil der Bedarfsmenge, die man bei einem Lieferanten zu einem bestimmten Zeitpunkt in Auftrag gibt. Geschieht dies im Rahmen eines Abrufauftrages, verteilt sich die Bestellmenge auf unterschiedliche Bezugsmengen, die beim Beschaffer ankommen.
Typische Entscheidungsalternativen erstrecken sich auf folgende Variablenausprägungen:
- *Kleine Bezugsmengen*: Der Lieferant soll auch kleinste Mengen liefern.
- *Große Bezugsmengen*: Der Lieferant soll zu großen Liefermengen fähig sein.
- *Variable Bezugsmengen*: Der Lieferant soll sowohl kleine wie auch große Mengen liefern.
- *Bestellmengeneinhaltung*: Der Lieferant liefert genau die bestellten Mengen.

Kleine Mengen zu liefern, ist eher eine Forderung, wenn große Mengen möglich wären. *Große Mengen* setzen entsprechende Kapazitäten beim Lieferanten voraus und bilden damit eine Forderung; soweit mit großen Mengen die Kapazität ausgelastet wird, kommt es auch einem Anreiz gleich. *Variable Mengen* ist tendenziell eher eine Forderung an die Flexibilität des Lieferanten. Anreiz kann es insofern sein, wenn damit eine insgesamt für die Lieferanten interessante Menge verbunden ist, wenn man sich auf diesen Lieferanten konzentriert. Die *Bestellmengeneinhaltung* ist sicherlich eine deutliche Forderung, eine verläßliche Mengenplanung führt zu Bestandsreduktion und zu Realisationssicherheit.

Bezugspolitik		
Instrumentalvariable	**Variablenausprägung**	
	Forderungen	**Anreize**
Bezugsmengenpolitik	kleine Bezugsmengen große Bezugsmengen variable Bezugsmengen Bestellmengeneinhaltung	
Bezugsorganpolitik	Zentraleinkauf Werkseinkauf Einkaufsniederlassung Einkaufsreisende Einkaufsvertreter/ -makler/-kommissionäre Einkaufskooperation Wertstoffverkaufs- kooperation	
Bezugsmodalitätspolitik	Rahmenauftrag Subcontracting Konsignationsbezug Exklusivbezug Kapazitätsreservierung Fixhandelsbezug ab-Werk-Erfüllungsort Frachtführerübergabe- bestimmung Kostenübernahmebestimmung Ankunftsortbestimmung Wertstoff-/Abfallrücknahme	
Bezugslogistikpolitik	Zentrallagerbezug Niederlassungsbezug Fremdlagerbezug Transportmittelvorschriften Transportführervor- schriften Transportwegevor- schriften Kommunikations- technikfixierung	

— wenig wahrscheinlich   ▬ wahrscheinlich   ▬▬ sehr wahrscheinlich

Übersicht 55: Bezugspolitische Instrumentalvariablen und Variablenausprägungen

(2) *Bezugsorganpolitik*

Von wem werden die Kontakte geknüpft?

- *Zentraleinkauf*: Die Beschaffung wird von einer zentralen Stelle im Unternehmen wahrgenommen (bei Konzernen gilt das meist für Rahmenverträge).
- *Werkseinkauf*: Die Beschaffung wird von den Stellen des Bedarfs (Werke, usw.) durchgeführt.
- *Einkaufsniederlassung*: In den Beschaffungsmärkten angesiedelte, auf die Beschaffungsaufgabe konzentrierte Tochterunternehmen werden aktiv.
- *Einkaufsreisende*: Analog zum Verkaufsreisenden werden die Kontakte zu dem Lieferanten durch Mitarbeiter des Beschaffers aufgebaut und gepflegt. Betreut der Einkaufsreisende ein Land, kann man ihn auch als Länderreferenten bezeichnen.
- *Einkaufsvertreter/-makler/-kommissionäre* sind selbständige Personen, die sich in einem Land, einer Region, einer Branche auskennen und für den Beschaffer nach Auftrag aktiv werden.
- *Einkaufskooperation*: Mehrere Beschaffer schließen sich zwecks gemeinsamer Beschaffung zusammen.
- *Wertstoffverkaufskooperation*: Gemeinsam mit dem Lieferanten bemüht man sich um den Wertstoffverkauf.

Der *Zentraleinkauf* hat sowohl Forderungs- als auch Anreizcharakter. Die Zentrale bündelt, legt Strategien fest, schließt Rahmenverträge ab, fixiert die jeweiligen Instrumente. Die Zentrale ist kompetent, zuständig, je nach Organisationsstruktur flexibel und schnell oder bürokratisch. Der *Werkseinkauf* hat im Regelfall spezifischere Beschaffungsobjektkenntnisse, er kennt die genauen Situationen, ihm obliegt eher das Dispositive. Die *Einkaufsniederlassung* in der Reichweite des Lieferanten hat einen stärkeren Anreizcharakter, sie hilft, Sprach- und Kulturgrenzen zu überwinden. Der Beschaffer übernimmt einen Teil der Verkaufsaufgabe des Lieferanten. *Einkaufsreisende* können die Vorstufe von Einkaufsniederlassungen bilden, sie können dort angesiedelt sein, sie können aber auch vom Mutterhaus kommen. Auch sie reduzieren den Suchaufwand des Lieferanten. *Einkaufsvertreter/-makler/-kommissionäre* als freie Unternehmer verursachen keine/geringe Fixkosten. Sie haben im jeweiligen Gebiet Kontakte, sie kennen sich mit Lieferanten aus, sind allerdings weniger gut steuerbar. Auch sie erleichtern das Geschäft des Lieferanten. *Einkaufskooperationen* kommen vor allem im Handel vor, um die Nachfragemacht zu stärken. Insoweit besitzen sie Forderungscharakter. Der Lieferant muß bereit sein, mit dieser Kooperation zusammenzuarbeiten. Für andere Kooperationsmitglieder der gleichen Stufe liegt in der Beschaffungskooperation ein Anreiz, gegenüber dem gemeinsamen Lieferanten interessanter zu werden. Ist der Lieferant jedoch an großen, wenig Verkaufsaufwand verursachenden Abschlüssen interessiert, dann haben sie auch Anreizcharakter. Die *Wert-*

stoffverkaufskooperation hat abhängig von der Menge anfallender Wertstoffe und dem Markt-Know-How sowohl Anreiz- als auch Forderungscharakter.

(3) *Bezugsmodalitätspolitik*

Die Bezugsmodalitätspolitik sagt etwas über die Vertragsgestaltung aus. Sie verfügt deshalb, das dürfte kaum verwundern, über facettenreiche Variablenausprägungen:

- *Rahmenauftrag*: Das Beschaffungsobjekt und seine Konditionen werden festgelegt, Mengen und Termine z. B. über ein Bestellrhythmusverfahren bedarfsabhängig spezifiziert.
- *Subcontracting*: Der Beschaffer legt den Vorlieferanten des Lieferanten fest.
- *Konsignationsbezug*: Der Lieferant unterhält ein beschaffernahes Lager, aus dem der Beschaffer je nach Bedarf Beschaffungsobjekte entnimmt.
- *Exklusivbezug*: Der Lieferant liefert nur an einen Beschaffer, andere Beschaffer werden vom Bezug ausgeschlossen (Lieferausschluß).
- *Kapazitätsreservierung*: Zur Mengensicherung reserviert der Lieferant Kapazitäten, um bei unsicherer Mengenplanung des Beschaffers einen Nachfrageboom befriedigen zu können.
- *Fixhandelsbezug*: Der Lieferant akzeptiert einen Fixtermin, bei dessen Nichteinhaltung der Beschaffer vom Vertrag zurücktreten bzw. Schadensersatz fordern kann (§ 376 HGB).
- *Ab-Werk-Erfüllungsort* (Incoterm 1990: E-Gruppe): Der Beschaffer übernimmt das BO beim Lieferanten und trägt von da ab die Gefahr.
- *Frachtführerübergabebestimmung* (Incoterm: F-Gruppe): Der Lieferant übergibt das BO an Frachtführer (frei Frachtführer/frei Längsseite/Schiff/frei an Bord), den Haupttransport zahlt der Beschaffer.
- *Kostenübernahmebestimmung* (Incoterm: C-Gruppe): Der Lieferant schließt den Transportvertrag ab, zahlt die Kosten bis zum Bestimmungshafen, trägt das Risiko bis Schiffsreling; den Haupttransport zahlt der Verkäufer.
- *Ankunftsortbestimmung* (Incoterm: D-Gruppe): Das BO kann an der Grenze, an Bord des Schiffes im Bestimmungshafen oder am Kai, am Ort im Importland zur Verfügung gestellt werden.
- *Wertstoff-/Abfallrücknahme*: Der Lieferant nimmt die beim Beschaffer anfallenden Wertstoffe/Abfälle zurück.

Der *Rahmenauftrag* ist deshalb eher ein Anreiz, weil dem Lieferanten ein höheres Maß an Planungssicherheit gegeben wird. *Subcontracting* hat eher Forderungscharakter, es beschränkt den Entscheidungsraum des Lieferanten; für beschaffungsungeübte Lieferanten kann dies auch ein Anreiz sein. Der *Konsignationsbezug* ist ebenfalls eher eine Forderung; der Anreiz kann in der stetigen Vorrätigkeit der Lieferantenobjekte und damit größeren Verbrauch liegen. Prima facie ist der Exklusivbezug eine Forderung; bei einem bedeutsamen Beschaffer kann auch die Menge interessant genug sein; außerdem reduziert sich die Gefahr des Lieferantenwechsels. Ähnlich sieht es mit der *Kapazitätsreservierung* aus. Ohne sicher zu sein, daß sie ausgelastet wird und damit eine Kostendeckung stattfindet, wird sie vom Beschaffer gewünscht. Ist sie sowieso frei oder bezahlt der Beschaffer die Reservierungskosten, kann sie auch ein Anreiz mit Bindungswirkung sein. Der *Fixhandelsbezug* hat dagegen eindeutigen Forderungscharakter. Eher das Gegenteil trifft für den *ab-Werk-Erfüllungsort* zu, weil Kosten und Gefahren vom Beschaffer übernommen werden. Ähnliches gilt für die *Frachtführerübergabebestimmung*. Umgekehrt sieht es bei der *Kostenübernahmebestimmung* und der *Ankunftsortbestimmung* aus. Die *Wertstoff-/Abfallrücknahme* kann sowohl Forderungs- als auch Anreizcharakter besitzen; letzteres, wenn der Lieferant über entsprechende Fazilitäten und Erfahrungen verfügt.

(4) *Bezugslogistikpolitik*
Gleichgültig, ob logistische Aktivitäten vom Beschaffungsbereich verantwortet werden oder nicht, sie müssen verhandelt werden:
- *Zentrallagerbezug*: Der Lieferant liefert an ein zentrales Lager des Beschaffers.
- *Niederlassungsbezug*: Der Lieferant liefert an die Verwendungsstätten des Beschaffers.
- *Fremdlagerbezug*: Der Lieferant liefert an ein vorgegebenes Drittlager.
- *Transportmittelvorschrift*: Der Beschaffer legt das Transportmittel fest.
- *Transportführervorschriften*: Der Beschaffer legt den Spediteur fest.
- *Transportwegevorschriften*: Der Beschaffer legt den Transportweg fest.
- *Kommunikationstechnikfixierung*: Der Beschaffer legt Hard- und Software der Logistikkommunikation fest.

Für den Lieferanten ist die Lieferung an ein *Zentrallager* kostengünstiger als an viele Läger. Verfügt man über ein effizientes Warenwirtschaftssystem (z. B. im Handel verbreitet), dann kann das auch eine bedeutsame Forderung sein. Umgekehrt ist die Gewichtung beim *Niederlassungsbezug*. Der *Fremdlagerbezug* ist ambivalent, unter Kostenaspekten ist es für den Lieferanten gleichgültig, ob er an das Beschaffer- oder an ein Fremdlager liefert. Es hängt von der vorhandenen Technik und der Entfernung ab, was für ihn günstiger ist. Forderung ist es jedenfalls, weil dies im Regelfall weniger Notlösung, sondern eher Konzept beim Beschaffer zum Outsourcing ist. Die *Transportmittel, -führer- und -wegevorschriften* haben einen deutlichen Forderungscharakter. Gelingt es, dies auch mit den Wünschen des Lieferanten in Einklang zu bringen, kann das auch Anreizwirkungen ausüben. Für die *Fixierung der Kommunikationstechnik* gilt Ähnliches. Zuerst muß sich im Rahmen der Forderung der Lieferant anpassen, wenn er nicht schon über eine für den Beschaffer ebenfalls geeignete Technik verfügt. Hat er sie dann, ist ihm an deren Nutzung gelegen.

4.514 Entgeltpolitik

Als eines der wichtigsten Beschaffungsinstrumente wird in der Praxis die Preispolitik gewählt. Wie kann ich einen schon günstigen Preis noch weiter nach unten drücken? Mehr oder minder offenkundig wird dabei unterstellt, daß der Lieferant Verluste, die durch diesen Auftrag entstehen, bei anderen Kunden - am besten bei Konkurrenzkunden - ausgleicht. Von Win-Win-Position ist damit keine Rede. Außerdem ist der Facettenreichtum weiter gespannt wie die folgende Übersicht zeigt.

Instrumental-variable	Variablenausprägung		
	Forderungen		**Anreize**
Preis-politik		Preisdruckpolitik Preissogpolitik Preissetzungspolitik Preisbewilligungspolitik Leistungspreispolitik Konkurrenzpreispolitik Festpreispolitik Preisanpassungspolitik	
Rabatt-politik		Mengenrabatt Aufnahme-/Treuerabatt Sonderleistungsrabatt Skonto Mindermengenzuschlags-verzicht	
Prämien-politik		Belieferungsprämie Mengenprämie Zeitprämie Sonderleistungsprämie	
Pönalienpolitik			
Zahlungs-modalitäts-politik		Zahlungsorganpolitik Zahlungswegepolitik Zahlungsterminpolitik Zahlungsmittelpolitik Zahlungssicherungspolitik	
Kredit-politik		Lieferantenkredit-gewährung Lieferantenkredit-forderung Kapitalbeteiligung	

Entgeltpolitik

━ wenig wahrscheinlich   ━━ wahrscheinlich   ━━━ sehr wahrscheinlich

Übersicht 56: Entgeltpolitische Instrumentalvariablen und Variablenausprägungen

(1) *Preispolitik*

Die preispolitischen Maßnahmen können facettenreicher sein, als es die Praxis häufig zeigt.

- *Preisdruckpolitik*: Der Beschaffer versucht, die Ausgangspreise zu reduzieren, um Tiefstpreise zu erzielen.
- *Preissogpolitik*: Der Beschaffer versucht, die Lieferunwilligkeit durch für den Lieferanten interessante Preise zu beseitigen.
- *Preissetzungspolitik*: Der Beschaffer gibt einen Zielpreis vor, der nach seinen Berechnungen erzielt werden müßte.
- *Preisbewilligungspolitik*: Der Beschaffer nähert sich den Preisforderungen des Lieferanten.
- *Leistungspreispolitik*: Werden die Angebotsleistungen geändert, soll der Preis proportional angepaßt werden.
- *Konkurrenzpreispolitik*: Der Beschaffer fordert vom Lieferanten das Eingehen auf günstigere Konkurrenzpreise.
- *Festpreispolitik*: Für einen fixierten Zeitraum wird ein Preis unabhängig von Markteinflüssen vereinbart.
- *Preisanpassungspolitik*: Beschaffer und Lieferant vereinbaren einen Modus, nach dem der Preis an veränderte Marktbedingungen angepaßt wird.

Die *Preisdruckpolitik* ist eindeutig eine Forderungs-, die Preissogpolitik eine Anreizmaßnahme. Vorstellbar ist, daß man mit einer *Sogpolitik* beginnt und später langsam zu einer *Druckpolitik* übergeht, weil sich beispielsweise die Marktverhältnisse geändert haben. Die *Preissetzungspolitik* ist eher eine Forderungsmaßnahme. Man hat für das benötigte Beschaffungsobjekt z. B. durch die Einkaufskostenanalyse einen optimalen Preis errechnet, den man vorgibt. Man kann aber auch von den maximalen Kosten für das Endprodukt (target costing, Seidenschwarz 1993 und die dort angeführte Literatur) ausgehen und diese Kosten bis auf das einzelne Beschaffungsobjekt als Kostenobergrenze herunterbrechen: Teurer darf das Teil nicht werden, dem müssen sich Gestaltung und Produktion anpassen. Dagegen ist die *Preisbewilligungspolitik* eher eine Anreizmaßnahme, indem man von seinen Vorstellungen abrückt und auf die Preisforderungen des Lieferanten zugeht. Auch die *Leistungspreispolitik* ist eher eine Anreizmaßnahme, um Leistungsänderungen auch durch Preisänderungen{ XE "Preisänderungen" } aufzufangen. Wieder mehr Forderungscharakter hat die *Konkurrenzpreispolitik*, wenn die Akzeptanz der günstigeren Konkurrenzpreise gefordert wird. Bietet der Lieferant selbst die niedrigsten Preise, ist das, so aberwitzig das klingt, logischerweise ein Anreiz. Die *Festpreispolitik* sichert die Preisplanung sowohl beim Beschaffer als auch beim Lieferanten. Die *Preianpassungspolitik* ist ebenfalls Forderungs- und Anreizmaßnahme gleichzeitig, weil der Modus für Anpassungsmaßnahmen vereinbart wurde.

(2) *Rabattpolitik*

Die Rabattpolitik spielt vor allem im Handel eine Rolle. Bei Industrieprodukten werden meist mengenabhängige Staffelpreise genannt.

- *Mengenrabatt*: Bei der Abnahme großer Mengen werden entsprechende Preisabschläge verlangt.
- *Aufnahme-/Treuerabatt*: Der Beschaffer fordert Abschläge vom Katalogpreis, weil er bestellt.
- *Sonderleistungsrabatt*: Für von ihm erbrachte Sonderleistungen fordert der Beschaffer entsprechende Preisabschläge.
- *Skonto*: Der Beschaffer fordert bei kurzfristiger Zahlung entsprechende/höhere Preisnachlässe.
- *Mindermengenzuschlagsverzicht*: Der Beschaffer fordert, daß auch bei Kleinstmengen keine Preiszuschläge gezahlt werden müssen.

Die Rabattpolitik ist insgesamt eine Forderungspolitik.

(3) *Prämienpolitik*

Prämien sind zusätzliche Zahlungen des Beschaffers. Mehrere sind denkbar:
- *Belieferungsprämie*: Der Lieferant erhält eine Prämie dafür, daß er den Beschaffer vorrangig beliefert.
- *Mengenprämie*: Der Lieferant erhält eine Prämie dafür, daß die ungeplante Mengenänderung (z. B. starke Mengensteigerung) realisiert wird.
- *Zeitprämie*: Der Lieferant erhält eine Prämie dafür, daß er die ungeplante Zeitänderung (Verkürzung/Verschiebung) akzeptiert.
- *Sonderleistungsprämie*: Für zusätzliche, nicht vereinbarte, aber vom Beschaffer gewünschte Leistungen erhält der Lieferant eine Prämie.

Im Gegensatz zur Rabattpolitik ist die Prämienpolitik eine deutliche Anreizmaßnahme.

(4) Die *Pönalienpolitik* (poena: die Strafe) resultiert aus der Nichteinhaltung von Vertragsbedingungen. Üblich ist eine Verzugsstrafe bei Nichttermineinhaltung. Dies ist bei Fixhandelsgeschäften üblich. Sie kann sich auch auf andere Vertragsbestandteile beziehen. Es handelt sich eindeutig um eine Forderungsmaßnahme.

(5) *Zahlungsmodalitätspolitik*

Vor allem im internationalen Einkauf spielt dieser Instrumentalbereich eine Rolle:

- *Zahlungsorganpolitik*: Der Beschaffer legt die Zahlungsorgane (Banken) fest.
- *Zahlungswegepolitik*: Der Beschaffer bestimmt, über welche Zahlungswege der Lieferant sein Geld erhält.
- *Zahlungsterminpolitik*: Der Beschaffer bestimmt, wann er zahlt.
- *Zahlungsmittelpolitik*: Der Zahler legt die Währung fest, in der er zahlt.
- *Zahlungssicherungspolitik*: Der Beschaffer gibt dem Lieferanten Sicherungen bezüglich seiner Zahlungen.

Mit Ausnahme der Zahlungssicherungen, die einen vorrangigen Anreiz für den Lieferanten bilden, sind alle anderen Maßnahmen in dieser Formulierung eher Forderungen. Kommt man dem Lieferanten entgegen, kann es sich auch um Anreize handeln.

(6) *Kreditpolitik*

Nicht immer sind die Finanzpotentiale so, wie man sich das wünscht:

- *Lieferantenkreditgewährung*: Der Beschaffer gewährt dem Lieferanten einen Kredit
- *Lieferantenkreditforderung*: Der Beschaffer fordert vom Lieferanten einen Kredit (z.B. langfristiges Zahlungsziel).
- *Kapitalbeteiligung*: Der Beschaffer beteiligt sich am Lieferanten oder dieser am Beschaffer.

Der jeweilige Forderungs- und Anreizcharakter wurde sicherlich bereits deutlich.

4.515 Kommunikationspolitik

Dieser Instrumentalbereich wird am stärksten an Bedeutung zunehmen. Wenn man entlang der Prozeßkette innerhalb des eigenen Unternehmens und zum Lieferanten hin nach gemeinsam optimierenden Lösungen Ausschau hält, wenn das Outsourcing zunimmt, wenn man an die Verwirklichung der Strategien des simultaneous engineering, modular und system sourcing denkt, dann wächst die Tätigkeitskomplexität und damit der Kommunikationsumfang. Neue Techniken stehen zur Verfügung.

Dieser Bereich wird wahrscheinlich den stärksten Veränderungen unterliegen.

Kommunikationspolitik			
Instrumentalvariable	**Variablenausprägung**		
	Forderungen		**Anreize**
Kontaktmodalitätspolitik		Kontaktbereitschaft Personenadäquanz Medienadäquanz Einkaufsmesse/ Musterschau Lieferantentag	
Einkaufsabwicklungsmodalitäten		Angebotsmodus Offertenresonanz Bestell-/ Stornierungsmodus Berechnungsmodus Reklamations-/ Streitmodus	
Know-how-Transferpolitik		Problemaustausch Geheimhaltung Marktinformationen Produktanwendungsberatung Unternehmensberatung	
Referenzpolitik		Lieferantenreferenz Beschafferreferenz Drittreferenz	
Werbepolitik		Lieferantenwettbewerbe Bedarfswerbung Sprungwerbung	

━━ wenig wahrscheinlich ▬▬▬▬ wahrscheinlich ▬▬▬▬▬▬ sehr wahrscheinlich

Übersicht 57: Kommunikationspolitische Instrumentalvariablen und Variablenausprägungen

(1) *Kontaktmodalitätspolitik*

Wie schafft man Kontakt und was fördert den Kontakt zwischen Lieferant und Beschaffer?

– *Kontaktbereitschaft*: Beschaffer und Lieferanten verhalten sich kontaktoffen (z. B. bezüglich Problemen, Zeit, usw.).

– *Personenadäquanz*: Beschaffer und Lieferanten stellen geeignete Personen zur Verfügung.

– *Medienadäquanz*: Beschaffer und Lieferant stellen dialogfähige Medien zur Verfügung.

– *Einkaufsmesse/Musterschau*: Der Beschaffer zeigt auf zentralen Veranstaltungen (z. B. im Einkaufsland), was er wie beschaffen möchte.

– *Lieferantentag*: Der Beschaffer lädt Lieferanten zu sich ein, um gemeinsam Problemlösungsgespräche zu führen.

Kontaktbereitschaft, Personen- und *Medienadäquanz* haben sowohl Forderungs- als auch Anreizcharakter. Wenn das nicht auf beiden Seiten zufriedenstellend funktioniert, wird die Atmosphäre gestört. Die *Einkaufsmesse*, meist mit mehreren anderen beschaffenden Unternehmen im Einkaufsland/Einkaufsregion veranstaltet, und die firmenspezifische *Musterschau* bieten den Lieferanten die Möglichkeit, ohne allzu großen eigenen Vermarktungsaufwand, Marktforschung "vor Ort" zu betreiben. Nach entsprechender Vorarbeit durch den Beschaffer wird natürlich auch der Besuch der potentiellen Lieferanten erwartet. Beim *Lieferantentag* sollen Lieferanten im Beschafferunternehmen das zu lösende Beschaffungsproblem hautnah erleben und durch Erfahrungsaustausch geeignete Lösungsvorschläge entwickeln.

(2) *Einkaufsabwicklungsmodalitäten*

Immer wieder knirscht es bei den Abwicklungsprozessen, manchmal kommt, juristisch betrachtet, gar kein Kaufvertrag zustande. Ständiges Rückfragen, Nachbessern kosten Zeit und Geld.

– *Angebotsmodus*: Es wird ein präzises Raster der Angebotsabgabe vom Beschaffer entwickelt, auf dessen Einhaltung der Lieferant hingewiesen wird.

– *Offertenresonanz*: Jedes abgelehnte Angebot wird vom Beschaffer so begründet, daß der Lieferant daraus lernen kann, um besser zu werden.

– *Bestell-/Stornierungsmodus*: Beschaffer und Lieferant einigen sich auf einen eindeutigen Bestell- und Stornierungsmodus.

– *Berechnungsmodus*: Beschaffer und Lieferant einigen sich auf einen eindeutigen Berechnungsmodus (z.B. bezüglich Zöllen, Abgaben, Verpackungen).

– *Reklamations-/Streitmodus*: Beschaffer und Lieferant einigen sich auf ein praktikables Procedere im Streitfall.

Der *Angebotsmodus*, an den sich der Lieferant halten soll, ist eine eindeutige Anforderung, die *Resonanz auf die Lieferantenofferte* ein eindeutiger Anreiz. Die dargestellten Modi, das wird aus den Beschreibungen deutlich, haben sowohl Forderungs- als auch Anreizcharakter.

(3) *Know-How-Transferpolitik*

Die vielfach vorhandene Abschottung zwischen den Unternehmen muß im Rahmen des stärkeren Austausches einer größeren Offenheit weichen. Wenn man z.B. im

Rahmen der Produktpolitik das Instrument Lieferantenentwicklung einsetzen will, setzt das auch eine größere Kommunikationsoffenheit voraus:

- *Problemaustausch*: Beschaffer und Lieferant tauschen alle für das zu lösende Problem notwendigen Informationen aus.
- *Geheimhaltung*: Die Partner vereinbaren Geheimhaltung der jeweils erhaltenen Informationen und ergreifen geeignete Sicherungsmaßnahmen.
- *Marktinformationen*: Beschaffer und Lieferant stellen dem jeweiligen Partner die für ihn wichtigen Marktinformationen wechselseitig zur Verfügung.
- *Produktanwendungsberatung*: Der Beschaffer verlangt vom Lieferanten ausreichende Anwendungsberatung bezüglich des BO.
- *Unternehmensberatung*: Der Beschaffer verlangt Beratung in weiteren Funktionsbereichen.

Der *Problemaustausch* wie auch die *Geheimhaltung* haben starken Forderungs- wie auch Anreizbezug. Es kommt darauf an, wer Wissen hergibt. So sieht das auch bei den *Marktinformationen* aus. Der Beschaffer kann Beschaffungsmarktforschungsaktivitäten, der Lieferant Absatzmarktforschungsaktivitäten einsparen. Die *Produktanwendungsberatung* ist eher eine Forderung des Beschaffers. Sie kann Anreiz sein, wenn der Lieferant entsprechendes Personal hat und wenn er sich selbst dadurch einen Informations- und Kontaktgewinn verspricht. Die *Unternehmensberatung* haben wir auf den reinen Forderungscharakter begrenzt, um sie von den auch als Informationen möglichen Lieferantenpolitikunterstützungsmaßnahmen zu trennen (→ Servicepolitik).

(4) *Referenzpolitik*

Dem Lieferantenwechsel, der Wahl eines neuen Lieferanten bei einem neuen Beschaffungsobjekt steht vielfach das Risiko des neuen Unternehmens entgegen. Das gilt um so mehr, wenn man sich auf langfristige Lieferantenbeziehungen z.B. über die Lieferantenentwicklung einläßt.

- *Lieferantenreferenz*: Der Beschaffer verlangt vom Lieferanten Referenzen anderer Kunden in vergleichbarer Situation.
- *Beschafferreferenz*: Der Beschaffer macht dem Lieferanten Referenzen anderer Lieferanten in vergleichbaren Situationen zugänglich.
- *Drittreferenz*: Eine außenstehende Institution (z.B. Bank) gibt über Lieferant oder Beschaffer eine Referenz.

Es ist offensichtlich, daß die *Lieferantenreferenz* eine Forderung, die *Beschafferreferenz* einen Anreiz und die *Drittreferenz* beides darstellen kann.

(5) *Werbepolitik*

Der im Konsumgüterabsatzmarketing so wichtige Werbebereich spielt hier nur eine begrenzte Rolle:

- *Lieferantenwettbewerb*: Im Rahmen z.B. der Nullfehlerqualitätssicherungsmaßnahmen werden Wettbewerbe unter den Lieferanten veranstaltet. Die besten werden ausgezeichnet. Sie benutzen diese Auszeichnung zu Werbezwecken.

- *Bedarfswerbung*: In neuen Märkten kann die werbliche Beschaffungsobjektsuche (z. B. in Zeitungen/Zeitschriften) zur Identifikation potentieller Lieferanten genutzt werden. In dem Bedarfshinweis können auch Leistungshinweise darüber enthalten sein, was man dem Lieferant bieten kann.

- *Sprungwerbung*: Der Beschaffer fordert vom Lieferanten Werbemaßnahmen, die sich an den Kunden des Beschaffers richten.

Lieferantenwettbewerb und *Bedarfswerbung* sind eher Anreize, die *Sprungwerbung* ist eher eine Forderung; wenn das Gesamtprodukt ein hohes Ansehen genießt, kann auch ein Anreizcharakter hinzutreten.

4.52 Die Kombination der Instrumente (Instrumentenmix)

Nicht alle Instrumente sind immer gleich tauglich - teilweise handelt es sich um Alternativen. Bei der Kombination von Instrumenten muß man mit den Möglichkeiten der Wirkungsreduktion, -neutralität und -steigerung (→ Synergie) rechnen. Uns interessiert insbesondere die letzte Möglichkeit.

Und wenn man einen Pool geeigneter Instrumente gefunden hat, muß auch geprüft werden, wie man das ökonomische Prinzip verwirklicht: Schaffung eines Beschaffungsmix, das die gestellten Bedarfsanforderungen zu geringstmöglichen Kosten realisiert.

Stark vereinfacht zeigt die folgende Übersicht den Auswahlzusammenhang:

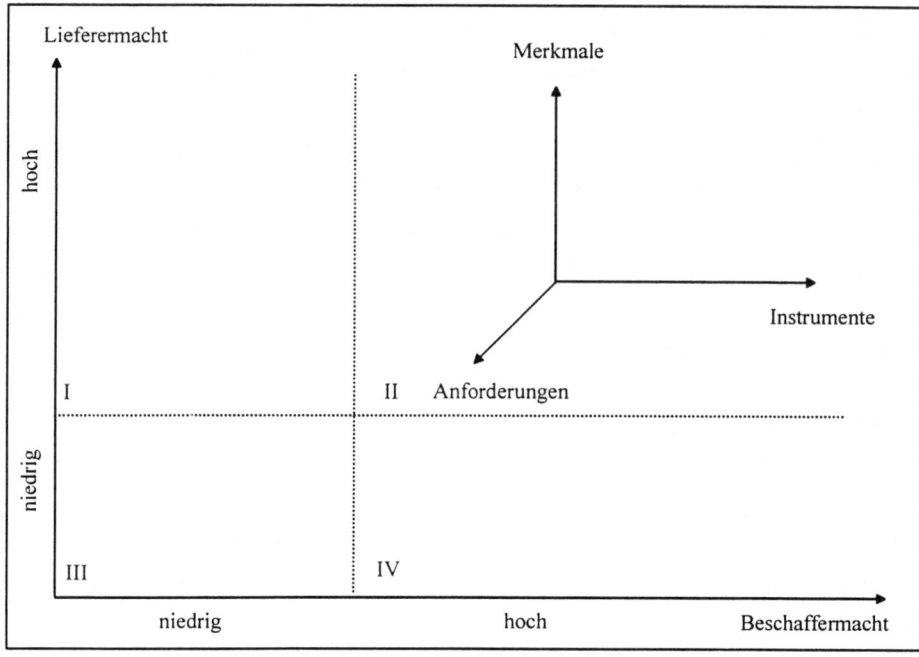

Übersicht 58: Zur Struktur der Mixentscheidungen

Der Einsatz der forderungs- und anreizpolitischen Variablenausprägungen hängt von den Forderungen ab, die man realisieren möchte. Man könnte nun versuchen, eine direkte Zuordnung von Anforderungen und Instrumenten vorzunehmen. Das ist zwar möglich, jedoch unzweckmäßig: Der Such- und Entscheidungsaufwand ist zum einen sehr groß; und zum anderen geht der Ganzheitscharakter verloren. Auf höherem Abstraktionsniveau wollen wir typspezifische Instrumentalkombinationen, die auch in sich durch Synergien gekennzeichnet sind, als Handlungsvorschläge schaffen. Das gelingt uns über die hier häufig benutzen Beschaffungsobjektmerkmale. Wir bemühen uns um eine merkmalsspezifische Variablenausprägungsauswahl. Dies können wir getrost tun, da wir ja bereits in Abschnitt 4.23 eine Zuordnung von Anforderungen und Merkmalen vorgenommen haben. Wir wissen also, bei welchem Merkmal welche Anforderungen typisch sind.

Diese so reduzierte Komplexität müssen wir dann in das Machtgefüge einbauen. Wir benötigen nämlich Fingerzeige darauf, wie schwer oder wie leicht es wahrscheinlich sein wird, unsere Forderungen mit wieviel Anreizen durchzusetzen.

Aus diesen Überlegungen können wir jetzt den im weiteren zu erläuternden Entscheidungs*prozeß* ableiten:

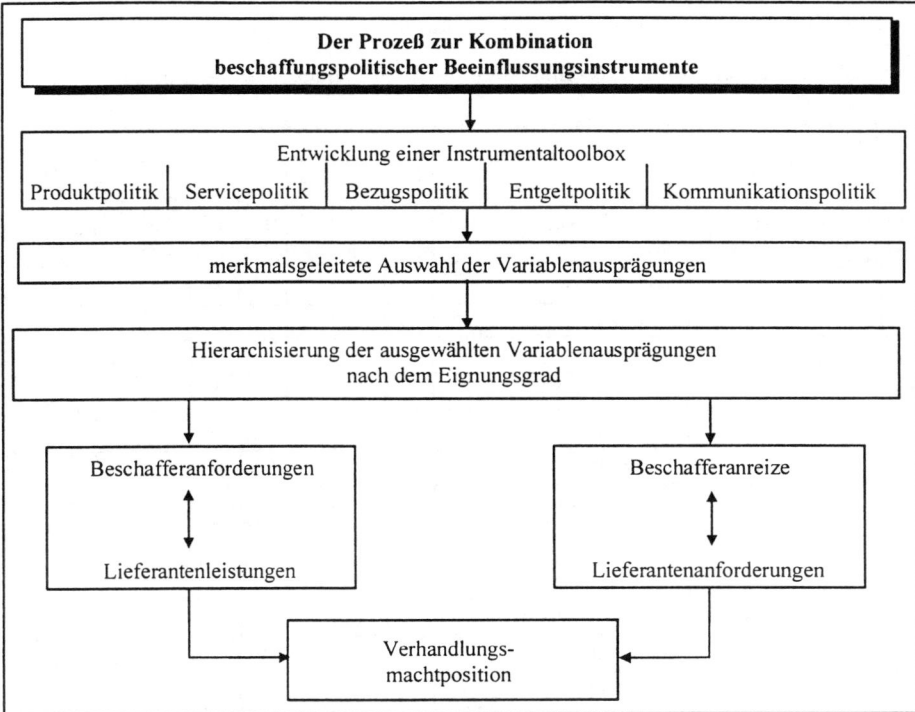

Übersicht 59: Zur Kombination der Beschaffungsinstrumente

In den folgenden Matrizen wollen wir die Instrumentaleignung und die Eignungsintensität festhalten. Hierbei handelt es sich nicht um das Ergebnis eines empirischen Tests, sondern um das Resultat von Diskussionen mit Praktikern. Repräsentative Befragungen und methodische Auswertungen sind in diesem Zusammenhang nicht angebracht, weil sich dieses Denken ja erst verbreitern muß.

Wir bewegen uns also auf empirisch hinterlegtem Plausibilitätsniveau. Es muß daher in der jeweiligen Unternehmenssituation geprüft werden, ob man dieser Zuordnung folgen will, oder ob es geraten erscheint, davon abzuweichen.

Durch die Angabe einer hohen Eignungsintensität (X_1) soll angedeutet werden, daß diese beschaffungspolitischen Instrumentalvariable für unverzichtbar gehalten wird ($\rightarrow$ *Mußvariable*), während es bei einer X_3-Graduierung durchaus ratsam sein kann, auf sie zu verzichten; dazwischen liegen die ergänzenden *Kannvariablen* (X_2). Aus terminologischen Vereinfachsgründen sprechen wir im folgenden von Instrumenten, statt die exaktere Bezeichnung Variablenausprägungen zu wählen.

(1) Zur Eignung produktpolitischer Instrumente

Der bisherige Erkenntnisstand schlägt sich in der folgenden Übersicht nieder:

Instrumentalvariablen	Variablenausprägungen	Einzelprodukt	Billigprodukt	Normprodukt	bewährtes Produkt	Spitzenprodukt	innovatives Produkt	beschafferspezifisches Produkt	Mengenbedeutsamkeit	usw.
Produktentwicklungspolitik	Eigenentwicklung					x_1	x_1	x_1	x_2	
	Lieferantenentwicklung	x_1	x_1			x_1	x_1	x_1	x_2	
	Partnerentwicklung	x_2				x_1	x_1	x_1	x_2	
	Drittentwicklung	x_2				x_2	x_2	x_2	x_3	
	Neuentwicklung	x_1	x_2			x_1	x_1	x_1	x_2	
	Weiterentwicklung		x_2		x_2	x_2	x_2	x_2	x_2	
Produktgestaltungspolitik	Gestaltungsvorschriften	x_2	x_2		x_1	x_2	x_2	x_2	x_1	
	Leistungsvorschriften	x_1	x_1		x_1	x_1	x_1	x_1	x_1	
	geringe Gestaltungstoleranzen	x_2	x_2		x_1	x_1	x_1	x_1	x_1	
	Beschaffermarkierung					x_2	x_2	x_2	x_2	
	Lieferantenmarkierung					x_2	x_2	x_2	x_2	
	Produkteinpassung		x_2		x_1	x_1	x_1	x_1	x_1	
	Produktanpassung	x_2	x_2		x_1	x_1			x_2	
Produktherstellungspolitik	geringe Realisationstoleranzen		x_2		x_1	x_1	x_1	x_1	x_1	
	Materialbeistellung	x_3			x_2				x_2	
	Werkzeugbeistellung					x_2	x_2	x_2		
Produktmodifikationspolitik	Produktvereinheitlichung		x_1			x_2			x_1	
	Produktdifferenzierung					x_2	x_3	x_2		
	Produktveränderung					x_2	x_2	x_2	x_2	
	Produktleistungskonstanz	x_2	x_2	x_1	x_1	x_1	x_1	x_1	x_1	
	Produktleistungsveränderbarkeit					x_2	x_2	x_2	x_1	
Produktprogrammpolitik	Produktselektionspolitik					x_2	x_2			
	Produktmixpolitik				x_3	x_3	x_3	x_2		
Produktverwendungspolitik	Produktgestaltungszusagen					x_1	x_2			
	Produktverwendungszusagen					x_2	x_2			

Übersicht 60: Hierarchisierung der produktpolitischen Variablenausprägungen

Nur ein kurzer Lesehinweis:

In einem Expertenkreis wurden z. B. für die Wenn-Bedingung „Einzelprodukt" die Lieferantenentwicklung (die Eigenentwicklung lohnt sich nur selten), die Neuentwicklung (man will auf dem neuesten Stand sein) und die Leistungsvorschriften (wichtig ist z. B. bei einer Maschine die Leistung und weniger das Wie) als unverzichtbar angesehen, während die Partner- und Drittentwicklung, die Gestaltungsvorschriften, die geringen Gestaltungstoleranzen, die Produktanpassungen und die Produktleistungskonstanz als nicht ganz so wichtig angesehen wurden.

So können wir nun alle Wenn-Bedingungen lesen.

Dabei fällt auf, daß

– es einige Variablenausprägungen gibt, die als relativ wenig gewichtig eingestuft werden (z. B. Produktselektions- und Produktmixpolitik);

– einige Variablenausprägungen fast immer für sehr wichtig gehalten werden (z. B. Produktleistungskonstanz, Leistungsvorschriften),

– einige Wenn-Bedingungen (z. B. Spitzenprodukt, innovatives Produkt) die Instrumentaltoolbox intensiv nutzen, während andere Bedingungen (z. B. Einzelprodukt, Normprodukt) nur wenige Variablenausprägungen nahelegen.

(2) Zur Eignung servicepolitischer Instrumente

Offenkundig werden die Variablenausprägungen der Lieferantenunterstützungspolitik mit Ausnahme der Gestaltungshilfen und der F + E-Hilfen beim Spezialprodukt für nicht so bedeutsam erachtet. Umgekehrt sieht es bei der Lieferungspolitik aus - hier schwanken die Urteile zwischen wichtig und nicht ganz so wichtig. Ähnliches gilt für die Leistungssicherungspolitik. Dann werden die Gewichtungen differenzierter, sieht man von den generell geeigneten Variablenausprägungen „produktionsgerechte Anpassung" und „Recyclinghilfen" ab. Die meisten Kundendienstpolitiken empfehlen sich in hoher bis mittlerer Intensität bei den leistungsstarken Merkmalen und dem Einzelprodukt, das gilt auch für die Garantiepolitik.

Instrumentalvariablen und Variablenausprägungen		Merkmale →	Einzelprodukt	Billigprodukt	Normprodukt	bewährtes Produkt	Spitzenprodukt	innovatives Produkt	beschafferspezifisches Produkt	Mengenbedeutsamkeit	usw.
Servicepolitik	Lieferantenunterstützungspolitik	Forschungs- und Entwicklungshilfen	X_3				X_2	X_2	X_1		
		Gestaltungshilfen					X_1	X_1	X_1	X_2	
		Fertigungshilfen		X_2		X_2	X_2	X_2	X_2	X_2	
		Beschaffungshilfen		X_2		X_2	X_2	X_2	X_2	X_2	
		Absatzhilfen	X_3	X_3		X_2	X_2	X_2	X_2	X_2	
		Finanzhilfen	X_3				X_2	X_2	X_2	X_2	
	Lieferungspolitik	Zustellen	X_1	X_2	X_2	X_1	X_2	X_2	X_2	X_1	
		Abholen		X_2	X_2	X_2	X_2				
		Lieferbereitschaft	X_1	X_1	X_2	X_1	X_1	X_1	X_1	X_1	
		Lieferzuverlässigkeit	X_1	X_1	X_2	X_1	X_1	X_1	X_1	X_1	
		Abnahmebereitschaft					X_2	X_2	X_2	X_1	
		Abnahmezuverlässigkeit		X_2	X_2	X_2	X_2	X_2	X_2	X_1	
		Lieferqualitätseinhaltung	X_2	X_2	X_1	X_1	X_1	X_1	X_1	X_1	
		Abnahmetoleranz		X_2	X_2	X_2				X_2	
	Kundendienstpolitik	Produktionsgerechte Anpassung		X_2	X_2	X_1	X_1	X_1	X_1	X_1	
		Absatzgerechte Anpassung					X_2	X_2	X_2		
		Montage/Entwicklung/Probelauf	X_1								
		Wartung/Reparatur/Instandhaltung	X_1			X_2	X_2	X_2	X_2		
		Ersatzteilversorgung	X_1			X_1	X_1	X_1	X_1		
		Personalhilfen	X_2				X_2	X_2	X_2		
		Sachhilfen					X_2	X_2	X_2		
		Kundendienstübernahme				X_2	X_2	X_2	X_2		
		Recyclinghilfen		X_2	X_2	X_1	X_1	X_1	X_1	X_1	
	Garantiepolitik	Garantieumfang	X_2				X_2	X_1	X_1	X_1	
		Garantiedauer	X_2				X_2	X_1	X_1	X_1	
		Garantieleistung	X_2				X_2	X_1	X_1	X_1	
		Kulanz	X_1	X_2	X_2	X_2	X_1	X_1	X_1	X_2	
	Leistungssicherungspolitik	Qualitätsauditierung	X_2	X_2	X_2	X_1	X_1	X_1	X_1	X_1	
		Qualitätsdokumentation				X_1	X_1	X_1	X_1		
		TQM	X_2	X_2	X_2	X_1	X_1	X_1	X_1	X_1	
		Zeitkontrolle	X_1	X_2	X_2	X_2	X_2	X_2	X_2	X_1	

Übersicht 61: Hierarchisierung der servicepolitischen Variablenausprägungen

(3) Zur Eignung bezugspolitischer Variablenausprägungen

Instrumentalvariablen und Variablenausprägungen		Einzelprodukt	Billigprodukt	Normprodukt	bewährtes Produkt	Spitzenprodukt	innovatives Produkt	beschafferspezifisches Produkt	Mengenbedeutsamkeit	usw.
Bezugsmengenpolitik	kleine Bezugsmengen	X_1					X_2	X_2		
	große Bezugsmengen	X_1	X_2						X_1	
	variable Bezugsmengen			X_2	X_2	X_2	X_2			
	Bestellmengeneinhaltung	X_1	X_1	X_1	X_1	X_1	X_1		X_1	
Bezugsorganpolitik	Zentraleinkauf	X_1	X_2	X_2	X_1	X_1	X_1	X_1	X_1	
	Werkseinkauf	X_2	X_2	X_2	X_1	X_2	X_2	X_2	X_2	
	Einkaufsniederlassung		X_2	X_2	X_1				X_2	
	Einkaufsreisende		X_2	X_2	X_1				X_2	
	Einkaufsvertreter/-makler/-kommissionäre		X_2	X_2	X_1				X_2	
	Einkaufskooperation		X_2		X_1				X_1	
	Wertstoffverkaufskooperation		X_2	X_2	X_1		X_1	X_1	X_1	
Bezugsmodalitätspolitik	Rahmenauftrag		X_2	X_2	X_1	X_1	X_1	X_1	X_1	
	Subcontracting	X_2				X_2	X_2	X_2		
	Konsignationsbezug				X_2	X_2	X_2	X_2		
	Exclusivbezug				X_2	X_2	X_1			
	Kapazitätsreservierung				X_2	X_2	X_2	X_1	X_2	
	Fixhandelsbezug	X_2	X_2		X_3	X_3	X_3	X_3	X_2	
	ab-Werk-Erfüllungsort		X_2	X_2	X_2	X_2	X_2	X_2	X_3	
	Frachtführerübergabebestimmung		X_2	X_2	X_2	X_2	X_2	X_2	X_2	
	Kostenübernahmebestimmung	X_2	X_2	X_2	X_2	X_2	X_2	X_2	X_1	
	Ankunftsortbestimmung	X_1	X_1	X_2	X_2	X_2	X_2	X_2	X_1	
	Wertstoff-/Abfallrücknahme		X_2	X_2	X_1	X_1	X_1	X_1	X_1	
Bezugslogistikpolitik	Zentrallagerbezug		X_2	X_2	X_2	X_2	X_2	X_2	X_2	
	Niederlassungsbezug	X_1	X_2	X_2	X_2	X_2	X_2	X_2	X_2	
	Fremdlagerbezug		X_2	X_2	X_2	X_2	X_2	X_2	X_2	
	Transportmittelvorschriften					X_2	X_2	X_2		
	Transportführervorschriften		X_2	X_2	X_2	X_1	X_1	X_1	X_2	
	Transportwegevorschriften		X_2		X_2				X_2	
	Kommunikationstechnikfixierung	X_2	X_2	X_2	X_2	X_1	X_1	X_1	X_1	

*(Gesamtgruppierung links: **Bezugspolitik**)*

Übersicht 62: Hierarchisierung der bezugspolitischen Variablenausprägungen

Die Gewichtung der Bezugsmengenpolitik liegt auf der Hand. Der Zentraleinkauf wird eher als der Werkseinkauf gewählt. Die Variablenausprägungen, die eher für den internationalen Einkauf typisch sind (Niederlassung, Reisende, Vertreter, Kooperationen), findet man bei den durch größere Mengen gekennzeichneten Wenn-Bedingungen. Die Wertstoffverkaufskooperation scheint eine her generell geeignete Variablenausprägung zu sein. Das gilt wohl auch für den Rahmenauftrag. Die Incoterms weisen starke branchenspezifische Bezüge auf. Der Fixhandelsbezug kommt im Handel, seltener in der Industrie vor, deshalb die geringere Gewichtung. Insgesamt scheinen die Logistikpolitiken nicht unwichtig, andererseits konzentriert man sich aber auch nicht auf sie.

(4) Zur Eignung entgeltpolitischer Instrumente

Entgeltpolitik	Merkmale → Instrumentalvariablen und Variablenausprägungen ↓	Einzelprodukt	Billigprodukt	Normprodukt	bewährtes Produkt	Spitzenprodukt	innovatives Produkt	beschafferspezifisches Produkt	Mengenbedeutsamkeit	usw.
Preispolitik	Preisdruckpolitik		X_1	X_2	X_2				X_1	
	Preissogpolitik					X_1	X_1	X_1		
	Preissetzungspolitik	X_2	X_1	X_2	X_1	X_2	X_2	X_1	X_1	
	Preisbewilligungspolitik	X_2				X_1	X_1	X_2		
	Leistungspreispolitik	X_1				X_1	X_1	X_1		
	Konkurrenzpreispolitik	X_1	X_1	X_1	X_2				X_1	
	Festpreispolitik	X_2				X_1	X_2	X_3	X_2	
	Preisanpassungspolitik	X_2	X_2		X_2	X_2	X_2	X_2	X_2	
Rabattpolitik	Mengenrabatt		X_1	X_2					X_1	
	Aufnahme-/ Treuerabatt		X_2	X_3	X_2		X_3	X_3	X_2	
	Sonderleistungsrabatt				X_2	X_3	X_2	X_3	X_2	
	Skonto	X_2	X_2	X_2	X_2	X_2	X_2	X_2	X_2	
	Mindermengenzuschlagsverzicht							X_2	X_2	
Prämienpolitik	Belieferungsprämie	X_2	X_2		X_2	X_1	X_1	X_2	X_2	
	Mengenprämie			X_2	X_2				X_1	
	Zeitprämie	X_1				X_2	X_2	X_2		
	Sonderleistungsprämie					X_2	X_2	X_1		
Pönalenpolitik			X_1	X_2		X_2	X_2	X_2	X_1	X_2
Zahlungs- modalitäts- politik	Zahlungsorganpolitik	X_2	X_2	X_2	X_2	X_2	X_2	X_2	X_2	
	Zahlungswegepolitik	X_2	X_2	X_2	X_2	X_2	X_2	X_2	X_2	
	Zahlungsterminpolitik	X_2	X_2	X_2	X_2	X_2	X_2	X_2	X_2	
	Zahlungsmittelpolitik	X_2	X_2	X_2	X_2	X_2	X_2	X_2	X_2	
	Zahlungssicherungspolitik	X_2	X_2	X_2	X_2	X_2	X_2	X_2	X_2	
Kredit- politik	Lieferantenkreditgewährung	X_1			X_2	X_2	X_1	X_1	X_2	
	Lieferantenkreditforderung	X_2			X_2	X_2	X_2			
	Kapitalbeteiligung				X_3	X_3	X_3	X_3		

Übersicht 63: Hierarchisierung der entgeltpolitischen Variablenausprägungen

Sieht man von der stark branchenspezifischen Zahlungsmodalitätspolitik ab, ergibt sich ein sehr differenziertes Bild. Die Preisdruckpolitik finden wir bei großer Menge und niedrigen Preisen, die Sogpolitik bei den leistungsstarken Produkten. Geht man verstärkt von Target-costing-Gedanken aus, dann ist - mit unterschiedlichem Gewicht - sicherlich die Preissetzungspolitik interessant. Die Preisbewilligungspolitik, die Leistungspreispolitik und Festpreispolitik eignen sich bei den Produkten der höheren Leistungsklasse, während die Konkurrenzpreispolitik eher im unteren Bereich gilt. Aus diesem Bild fällt etwas das Einzelprodukt heraus: Für diese Bedingung sind beide Möglichkeiten mit unterschiedlicher Intensität geeignet.

Die verschiedenen Rabattpolitiken gelten weniger in der Industrie als im Handel, ausgenommen das Skonto. Je wertvoller die Produkte sind, um so weniger ausgeprägt ist das „Rabattgefeilsche". Prämien findet man eher bei den höherleistungsfähigen Produkten, Mengenprämien wohl wenig überraschen nur bei den Mengenmerkmalen. Die Pönalienpolitik wird man dort einsetzen, wo das jeweilige Produkt genauestens eingeplant ist; das wird vor allem bei der Anlage (Maschine) und bei dem Spezialprodukt zutreffen. Kredite zu gewähren und zu fordern, wird eher bei den leistungsbezogenen Merkmalen zu beobachten sein.

(5) Zur Eignung kommunikationspolitischer Instrumente

Die folgende Übersicht zeigt, daß sich bei den anspruchsvollen Situationsmerkmalen fast alle Instrumente eignen, während man bei Normprodukten fast auf kommunikationspolitische Maßnahmen verzichten kann.

Instrumentalvariablen und Variablenausprägungen			Einzelprodukt	Billigprodukt	Normprodukt	bewährtes Produkt	Spitzenprodukt	innovatives Produkt	beschafferspezifisches Produkt	Mengenbedeutsamkeit	usw.
Kommunikationspolitik	Kontaktmodalitätspolitik	Kontaktbereitschaft	X_2	X_1		X_1	X_1	X_1	X_1	X_1	
		Personenadäquanz	X_2	X_2		X_2	X_1	X_1	X_1	X_1	
		Medienadäquanz	X_2	X_1		X_1	X_1	X_1	X_1	X_1	
		Einkaufsmesse/ Musterschau		X_1	X_2	X_1				X_1	
	Einkaufsabwicklungsmodalitäten	Lieferantentag				X_2	X_2	X_1	X_2	X_1	
		Angebotsmodus	X_2	X_1	X_2	X_2	X_1	X_1	X_1	X_1	
		Offertenresonanz	X_3		X_2	X_2	X_2	X_1	X_1		
		Bestell-/Stornierungsmodus	X_2	X_1	X_2	X_2	X_2	X_2	X_2	X_1	
		Berechnungsmodus		X_2	X_2	X_2	X_2	X_2	X_2	X_1	
		Reklamations-/Streitmodus	X_2	X_2	X_2	X_2	X_2	X_2	X_2	X_1	
	Know-how-Transferpolitik	Problemaustausch	X_1			X_2	X_1	X_1	X_1		
		Geheimhaltung					X_1	X_1	X_1		
		Marktinformation					X_2	X_2	X_1	X_2	
		Produktanwendungsberatung	X_1				X_1	X_1	X_1		
		Unternehmensberatung					X_2	X_2	X_3	X_3	X_2
	Referenzpolitik	Lieferantenreferenz	X_1				X_1	X_1	X_1	X_1	
		Beschafferreferenz					X_3	X_2	X_2	X_1	X_2
		Drittreferenz					X_3	X_3	X_3		
	Werbepolitik	Lieferantenwettbewerbe					X_2	X_2	X_2	X_3	X_1
		Bedarfswerbung					X_2	X_2	X_2	X_1	X_2
		Sprungwerbung					X_1	X_1	X_2		

Übersicht 64: Hierarchisierung der kommunikationspolitischen Variablenausprägungen

(6) Überprüfung des Gesamtmix

In Abhängigkeit von der spezifischen Merkmalskombination (z. B. Spitzenprodukt mit hoher Mengenbedeutsamkeit) kann man nun die geeigneten Instrumente nach ihrem Eignungsgewicht zusammenstellen. Dabei wird man die hier empfohlenen Instrumente auf ihre konkrete Eignung hin überprüfen. Man kann diesen systematischen Vorschlag auch als Fragenkatalog auffassen. Abweichungen und Ergänzungen werden dann im einzelnen begründet. So erhält man ein Protokoll, das zur Transparenz der Entscheidung auch für andere beiträgt. In dieses Protokoll sollte man dann auch die geplanten Kosten für den anreizorientierten Instrumentaleinsatz aufnehmen. Das werden nur grobe Angaben sein, schärft im Laufe der Zeit jedoch das Kosten-Leistungs-Denken und ermöglicht zunehmend präzisere Angaben. Bei der Abschätzung der notwendigen Anreize muß auch an die jeweilige Konkurrenzsituation gedacht werden. Man kann folgende Situationen identifizieren, wie wir es bereits anklingen ließen:

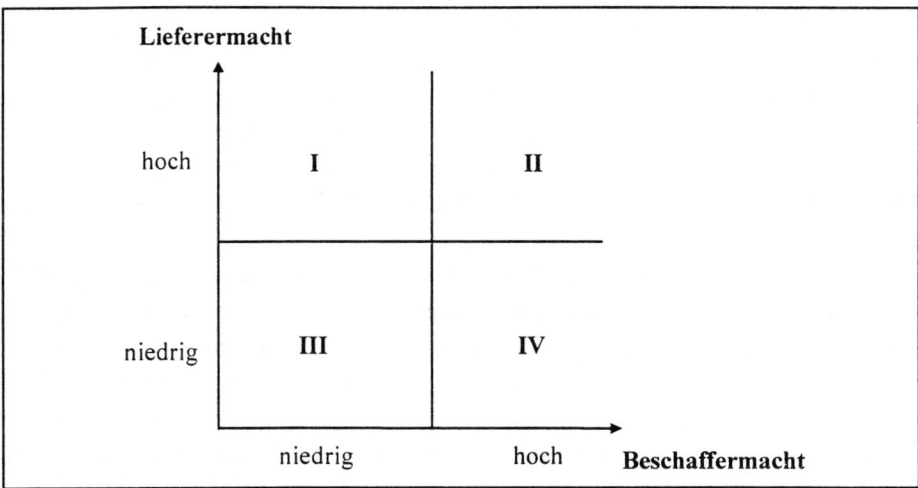

Übersicht 65: Marktmachtportfolio

Es ist offenkundig, daß der Beschaffer in der Situation I mehr Anreize als in der Situation IV anbieten muß. Zu einer interessenausgleichenden Verhandlungsführung kommt man am ehesten, wenn man sich, von einer gleichstarken Position ausgehend, (z. B. Situation II) um eine Win-Win-Verhandlung bemüht.

4.53 Der Verhandlungsprozeß

Wir gehen von folgendem Verhandlungsprozeß aus:

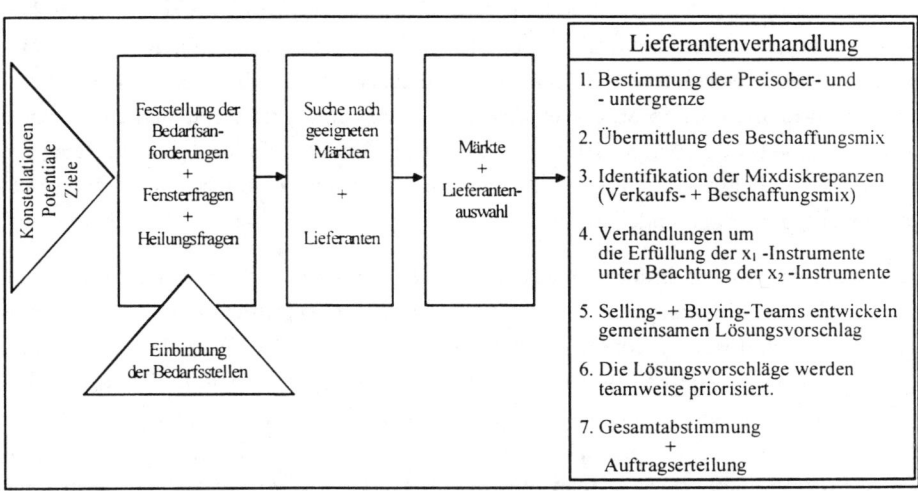

Übersicht 66: Der Beschaffungsverhandlungsprozeß

Die ersten Stufen von der Situationsanalyse (Konstellationen, Potentiale, Ziele) bis zur Auswahl der Lieferanten, mit denen man verhandeln will, haben wir beschrieben. Hier interessiert der Vorschlag zum Verhandlungsprozeß. Entsprechend dem theoretischen Fundament (Koalitions- und Anreiz-Beitrags-Theorie) gehen wir von einem partnerschaftlichen Verhandlungsprozeß aus. Er könnte so aussehen:

Im Rahmen des target costing hat man sich eine Vorstellung davon gemacht, was das Beschaffungsobjekt maximal kosten darf (Hiromoto 1989, S. 320). Das ist die Preisobergrenze. Die Einkaufskostenanalyse hat kalkuliert, was dieses Beschaffungsobjekt bei optimalen Produktionsbedingungen minimal kosten könnte. Das ist die Preisuntergrenze. Versehen mit dieser Preisuntergrenze sendet man dem Verkäufer das zu diesem Beschaffungsobjekt entsprechend der Merkmalseinordnung passende Instrumentalmix. Diese Instrumentaltoolbox dient ihm als Verhandlungsgrundlage. Verbunden mit der Beschreibung des Beschaffungsobjektes kann der Verkäufer nun in seinem Hause klären, was realisierbar ist, er kann mit fundierten Vorschlägen in die Verhandlung mit dem Beschaffer gehen. Ganz besonders wichtig ist dabei, daß der Verkäufer im eigenen Unternehmen klären kann, was die Anreize des Beschaffers bei ihm bewirken können. Der Beschaffer hat ja nur eine ungefähre Vorstellung über die Lieferantenanforderungen, besser über die aktuelle Ziel- und Planungssituation sollte der Verkäufer informiert sein.

In diesem ersten Klärungsgespräch zwischen Verkäufer und Einkäufer (Beschaffer) liegt dann das Übereinstimmende und Trennende auf dem Tisch. Je nachdem, wie groß und gewichtig das Trennende ist, kann es sich empfehlen, das Beschaffungsteam und das Verkaufsteam (selling-team) zusammenzubringen, um gemeinsam nach Lösungen für das Trennende zu suchen. Dabei kann beispielsweise herauskommen, daß eine Änderung des Produktionsablaufs beim Lieferanten dann zu einer wesentlichen Kostenreduktion führt, wenn die Beschaffungsobjektmenge verdreifacht wird. Im Beschaffungsteam wird daraufhin darüber nachgedacht, wie durch Standardisierung dieses Teil in mehrere Endprodukte eingesetzt werden kann. Und wenn sich dann ergibt, daß das Standardteil auch in den anderen Einsatzfeldern zumindest keine Verteuerung bewirkt, dann bahnt sich eine gute Lösung an. Damit wird deutlich, wie vernetzt man das jeweilige Problem angehen sollte.

Jede Seite hat nun erfahrungsgemäß ihre eigenen Prioritäten, die sich nicht nur in den fixierten Zielen niederschlagen, sondern auch personenbeeinflußt sind. Um den Gruppenkonsens zu fördern, könnte es sinnvoll sein, jeweils pro Gruppe (selling-team; buying-team) eine Hierarchisierung der Lösungsvorschläge vornehmen zu lassen. Zumindest wird das in der Anfangsphase, wo man den offenen Umgang miteinander noch nicht gewohnt ist, eine Erleichterungsmöglichkeit sein. Hat sich diese übergreifende Lösung etabliert, mag man auf diesen Zwischenschritt verzichten. Man kann dann gleich zur Gesamtabstimmung übergehen.

4.6 Beschaffungsabwicklung

Der strategische Anteil bei der Beschaffungsabwicklung hält sich in Grenzen. Das operativ-dispositive Handeln überwiegt.

Als ein wichtiger Teilbereich der Beschaffung (Materialwirtschaft) wird die *Disposition* betrachtet. Auch weil die Schnittstellenproblematik durch die notwendige Kooperation mit anderen Funktionsträgern und mit anderen Unternehmen zugenommen hat, liegt es nahe, über die Verlagerung der Disposition in die Logistik und das Zusammenlegen mit der Fertigungssteuerung nachzudenken. Die Disposition befaßt sich mit der physischen Objektsteuerung. Dieses planende und optimierende Handeln sollte in einer Hand liegen.

Ebenso könnte man in die Hand der ausgelagerten Disposition die Fragen des Qualitätsmanagements legen, insoweit ein organisationaler Anker im Versorgungsbereich notwendig ist. Denn ähnlich der Logistik muß auch das Qualitätsmanagement als Querschnittsfunktion für die Verknüpfung der Aktivitäten in den verschiedenen Funktionsbereichen sorgen.

4.61 Bestellung

(1) Die Bestellung bildet den formalen Abschluß der bisher getroffenen Beschaffungsentscheidungen zwischen dem Lieferanten und dem Beschaffer. Durch den Abschluß eines Vertrages entsteht ein Schuldverhältnis zwischen Lieferant und Beschaffer.
Die Bestellung erklärt den Willen des Beschaffers, der Verkäufer oder ein von ihm Beauftragter möge dem Einkäufer oder einem Dritten, das in der Bestellung beschriebene Gut, zu den in der Bestellung enthaltenden Bedingungen liefern. Die Bestellung kann sich auf einen bereits existierenden Vertrag stützen (z. B. Abrufvertrag), sie kann die Annahme eines Angebots ausdrücken oder selbst der Antrag zur Schließung eines Vertrages sein. Drückt die Bestellung die Annahme eines festen Angebotes aus, dann erfolgt der Vertragsabschluß zwischen Käufer und Verkäufer, sobald der Verkäufer die Bestellung erhalten hat. Die Bestellung infolge eines freibleibenden Angebots bedarf jedoch der Bestätigung des Verkäufers, damit ein Vertrag geschlossen wird. Die Bestellung ist der Antrag zur Schließung eines Vertrages, wenn sie ohne ein vorheriges Angebot erfolgt oder von einem solchen abweicht. Auch in diesen Fällen ist für den Abschluß eines Vertrages die Bestätigung des Verkäufers erforderlich. Unter Kaufleuten bedeutet jedoch auch Stillschweigen die Annahme des Vertrages. (Kopsidis 1992, S.99)

(2) Man kann grob zwischen Norm-(Standard-) und Sonder-(Einzel-)verträgen unterscheiden. Bei Beschaffungsobjekten, die man in geringer Menge kauft, die eher weniger leistungsbedeutsam sind, bei Normprodukten, bei denen langes anreiz-beitragsorientiertes Verhandeln sich weniger lohnt, wird man meist mit Standardverträgen arbeiten. Je mehr die verschiedenen produktpolitischen Instrumente eingesetzt, je mehr anspruchsvolle Beschaffungsstrategien realisiert werden sollen, um so eher wird man sich um eine fallspezifische Vertragsgestaltung bemühen müssen. Zwar herrscht im deutschen Recht Vertragsfreiheit, dennoch muß vorher geprüft werden, welche Vertragsfolgen eintreten können. Deshalb muß der Beschaffer nicht nur über Grundlagenwissen im deutschen Recht verfügen, er muß auch, wenn er international oder gar global beschafft, Möglichkeiten oder Grenzen im internationalen Recht kennen. Einige wichtige Formen standardisierter Abwicklung wurden bereits erwähnt (incoterms). Hierzu gehört auch der Hinweis, in die Vertragsgestaltung möglichst den eigenen Firmensitz als Gerichtsstand und Erfüllungsort einzufügen, um für Transparenz und Planbarkeit bei der Vertragserfüllung zu sorgen.

Man kann die Vertragsarten nach *juristischen* oder eher *versorgungstechnischen* Aspekten gruppieren. Die juristischen Vertragsarten entstammen dem Schuldrecht des BGB. Es handelt sich um den

– Kaufvertrag (§§ 433 ff.)

– Werkvertrag (§§ 631 ff.) / Dienstleistungsvertrag

– Mietvertrag (§§ 535 ff.)

– Pachtvertrag (§§ 581 ff.)

– Leihvertrag (§§598 ff.).

Andere Vertragsarten (z.B. Darlehensvertrag) interessieren wegen unserer eingegrenzten Versorgungsobjektfelder noch nicht.

Die versorgungstechnischen Vertragsarten behandeln beschaffungsbezogene Schwerpunkte; auf sie (z.B. Rahmenauftrag) haben wir unter dem Stichwort Bezugsmodalitätspolitik bei den beschaffungspolitischen Instrumenten verwiesen. (Abschnitt 3.523.3)

(3) In der Bestellung schlägt sich das Verhandlungsergebnis nieder. Das Verhandlungsergebnis hängt von

– der Machtstellung der Vertragsparteien

– der Zielvorstellung der Vertragsparteien und

– ihren anreiz-beitrags-orientierten Realisierungskalkülen ab.

Das kann dazu führen, daß die ursprüngliche Bedarfsanforderung zugunsten einer gemeinsamen Optimierung wesentlich modifiziert wurde. Deshalb müssen wir uns hier mit einer abstrakteren Formulierung begnügen, als sie der Übersicht 35 zu entnehmen ist. In der Bestellung müssen Angaben enthalten sein

- zur Menge,
- zu den Beschaffungsobjektleistungen,
- zur Zeit,
- zum Ort,
- zur Lieferung,
- zum Entgelt,
- zum Service,
- zu Informationen.

In der Bestellung werden im Regelfall keine Angaben zu den beschaffungspolitischen Instrumenten gemacht, weil sie ja der Weg, die Mittel sind, um zur Vertragseinigung zu gelangen, die in der Bestellung ihren Niederschlag findet.

4.62 Beschaffungsüberwachung

Auch bei diesem Tätigkeitsfeld kann überlegt werden, ob man es im Beschaffungs- oder Logistikkontext ansiedeln sollte.

Nachdem im Vertrag festgelegt wurde, welche Leistung (Qualität bezüglich Produkt, Service, Leistung, Information und Quantität) wann, wo und zu welchen Kosten erbracht werden soll, muß für die Einhaltung des Vertrages gesorgt werden. Es handelt sich um eine die Vertragserfüllung begleitende Überwachung.

(1) Im Mittelpunkt der *Leistungsüberwachung* steht das Total Quality Management. Durch prozeß- und objektbezogene Maßnahmen soll dafür gesorgt werden, daß möglichst keine Fehler entstehen können, um keine beheben zu müssen. Das soll die Beschaffungssicherheit steigern und die Beschaffungskosten senken. Die Sicherung der vereinbarten Beschaffungobjektleistungen ist eine Gemeinschaftsaufgabe von Lieferant und Beschaffer, die sich nicht in der Versandhauskontrolle des Lieferanten und der Wareneingangskontrolle des Beschaffers erschöpft (Berndt 1995).

(2) Die intensivste Form der *Mengenüberwachung* findet bei der verbrauchs-gesteuerten Versorgung (→ just-in-time) statt. Wenn verschiedene Varianten (z. B. Automobilindustrie) taktgenau ans Band geliefert werden müssen, darf es keine Mengen-, Zeit- und Ortsabweichung geben. Hier müssen Produktions- und Lieferpläne genauestens aufeinander abgestimmt werden. Das läßt sich über integrierte Produktions-, Planungs- und Steuerungssysteme (PPS) lösen.

(3) Über die Wareneingangsbestätigung und die damit verbundenen Daten erfolgt der größte Teil der *Modalitätsüberwachung*. Besonders an dieser Stelle wird die beschaffungspolitische Forderung nach Medienadäquanz deutlich. Wer seine Informationen über Mehrfachsätze von Bestellformularen per Postversand austauscht, wird den Zeit- und Flexibilitätswettbewerb sicherlich verlieren. Hier müssen abgestimmte Systeme (z. B. DFÜ, e-mail, internet) und Programme gefunden werden, die einen simultanen Informationsaustausch ermöglichen. In diesem Kontext wird sich auch die bisher bekannte Rechnungskontrolle als überflüssig erweisen. Nur bei Abweichungen zwischen Bestellung und Rechnung wird der Einkäufer aufgefordert, die Abweichungsgründe zu eruieren und entsprechende Maßnahmen zu ergreifen.

4.63 Entsorgung

Wenn wir von folgendem einfachen Prozeßmodell ausgehen, dann wird deutlich, daß dem Beschaffungsbereich neben der *Versorgung* auch die *Entsorgung* obliegt. Nicht benötigte Produkte werden dem Beschaffungsmarkt wieder zugeführt:

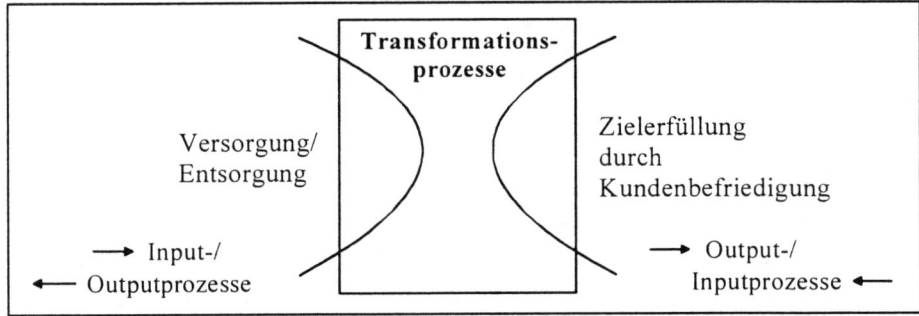

Übersicht 67: Beziehungsgefüge eines Unternehmens

Wer sich im Beschaffungsmarkt auskennt, wer mit Lieferanten verhandelt, weiß meist auch, wohin unter Wahrung des ökonomischen Prinzips Recyclingmaterial gelangen kann (z. B. Entsorgung zu geringstmöglichen Kosten/Entsorgung mit größtmöglichen Einnahmen).

Entsprechend Übersicht 67 werden die Transformationsprozesse mit Input-Faktoren versorgt, um Output-Faktoren für Fremdbedarfe zu produzieren. Bei der Transformation der Repetierfaktoren (z. B. Werkstoffe) bleibt häufig etwas ungenutzt übrig, anderes geht kaputt (Abfall/Ausschuß), nach Jahren der Nutzung müssen Potentialfaktoren (z. B. Maschinen, Werkzeuge) durch neue ersetzt werden. Hält man Beschaffungsobjekte auf Lager, können sie beim Produktwechsel überflüssig werden. Demnächst muß damit gerechnet werden, daß Fertigprodukte zurückgenommmen werden. Ein Teil dessen, was entsorgt werden muß, kann in neue Versorgungsprozesse eingehen (Recycling). Diese neue Versorgung kann innerhalb des eigenen Unternehmens, aber auch nach außen zu anderen Unternehmen hin erfolgen. Ein anderer Teil dessen, was entsorgt werden muß, wird vernichtet oder beseitigt. Damit haben wir den hier bedeutsamen Bereich des betrieblichen Abfallmanagements erfaßt. Daraus ergibt sich folgende Prozeßgestaltung:

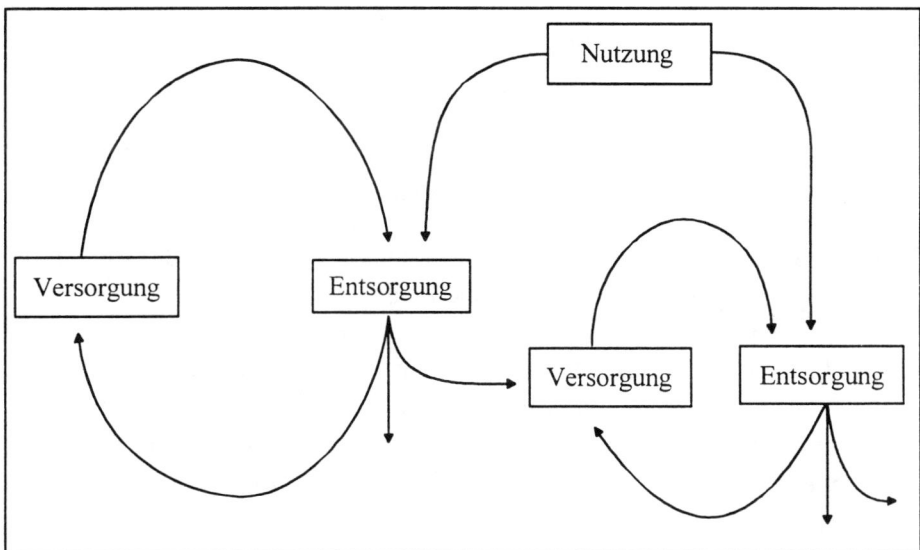

Übersicht 68: Entsorgung im Kreislaufprozeß

Das *Abfallmanagement* hat mehrere Facetten, deren eine hier von Interesse ist. Die folgende Übersicht soll verdeutlichen, was zwar zum Themenkreis, aber nicht unbedingt zum Beschaffungsbereich gehört.

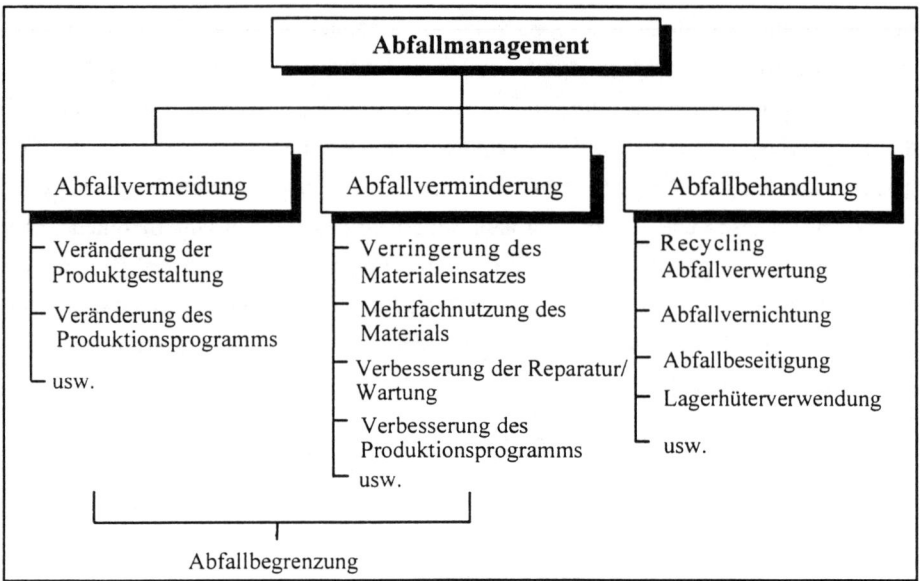

Übersicht 69: Teilbereiche des Abfallmanagements

Hier geht es also lediglich um die Abfallbehandlung mit unterschiedlichen Schwerpunkten: In der *Entsorgung* geht es um die Probleme der *Abfallbehandlung* mit folgenden Schwerpunkten:

– Bei der Abfallverwertung (Recycling) bemüht man sich darum, die angefallenen Stoffe intern oder extern weiterzuverwerten (Fischabfälle → Fischmehl), wiederzuverwerten (Altpapier, Schrott), wiederzuverwenden (Ausbau und Aufbereitung von Altaggregaten, Teilen usw.) und weiterzuverwenden (z.B. Polierlappen→ Putzlappen).

– Bei der Abfallvernichtung (chemisch, thermisch, biologisch) bemüht man sich mit Hilfe meist aufwendiger Verfahren um eine Veränderung der stofflichen Substanz. Dabei können Reststoffe (Schlacke, Schlämme) übrigbleiben, die dann wiederum beseitigt werden müssen.

– Bei der Abfallbeseitigung geht es vor allem um die herkömmliche Deponie.

– Die Lagerhüterverwendung als Sonderfall kann in den verschiedenen bereits genannten Formen vorkommen. Am angenehmsten ist der Fall, wenn man das nicht mehr benötigte Beschaffungsobjekt im Rahmen der Abfallverwertung an den Lieferanten zurückgeben kann, der dafür wieder einen Kunden findet. Bei beschafferspezifischen Produkten dürfte das schwierig, bei Normprodukten sicherlich dagegen sehr viel einfacher sein.

Die Abfallbehandlung kann
- ergebnisbelastend,
- ergebnisverbessernd,
- ergebnisneutral

erfolgen.

Vor allem die Abfallvernichtung wirkt ergebnisbelastend. In Zukunft muß verstärkt damit gerechnet werden, daß Vernichtung und Beseitigung mit kostendeckenden Gebühren belegt werden, so daß sich die Zeit der Externalisierung interner Effekte dem Ende zuneigt. Um so mehr wird man sich um die Abfallvermeidung und -verminderung und um die Ausweitung der verschiedenen Möglichkeiten der Abfallverwertung kümmern müssen.

Die Abfallverwertung kann man dann
- selbst durchführen,
- mit anderen gemeinsam (→ Kooperation) regeln,
- Dritten im Rahmen des "outsourcing" übergeben.

Die Entscheidung wird von den bei der Durchführung entstehenden Risiken und Kosten sowie den erzielbaren Erlösen abhängen. Je höher die Risiken, um so eher empfiehlt sich die Nutzung externer Spezialisten, die im Laufe der Zeit sicherlich auch lernen, bestehende Gesetze wirklich einzuhalten. Bei den Kosten und Erlösen, also der Gewinn- und Verlustrechnung, sollte man darauf achten, nicht nur die Objektkosten, sondern auch die Funktionskosten in die Überlegungen einzubeziehen. Dies spielt bei der Gestaltung des Beschaffungsmix sowohl auf der Anreiz- als auch auf der Forderungsseite eine gewichtige Rolle.

4.7 Informieren/Kontrollieren

Zur Entscheidungsvorbereitung müssen Informationen gewonnen werden. Das Gewinnen von Informationen ist mit Kosten verbunden. Auch hier muß wieder das ökonomische Prinzip beachtet werden: Die Informationen, die man unbedingt benötigt, müssen mit geringsten Kosten gewonnen werden. Neben der Prognose der Informationskosten bereitet auch die Definition des Informationsoutput (Informationsbedarf) erhebliche Schwierigkeiten.

Informationen stammen aus zwei Quellbereichen. Sie können *intern* aus der *Beschaffungskontrolle* und *extern* aus der *Beschaffungsmarktforschung* gewonnen werden.

4.71 Beschaffungsmarktforschung

Die Beschaffungsmarktforschung unterscheidet sich von der Absatzmarktforschung in einigen wichtigen Bereichen:

- Die Absatzmarktforschung richtet sich meist auf anonyme Massenmärkte. Demgegenüber ist die Zahl der Lieferanten überschaubar. Die Suche gilt dem noch besseren Lieferanten. Wir haben es in der Beschaffungsmarktforschung eher mit *singulären* Beziehungen zu tun.
- Auf dem Absatzmarkt ist die Zahl der Produkte, für die man Marktforschung betreibt, eher begrenzt - Produktion ist meist eine Erhöhung der Komplexität - während die Anzahl der zu beschaffenden Teile, Materialien usw. wesentlich höher ist. Daraus erwächst das *Auswahlproblem*.
- Die Absatzmarktforschung befaßt sich, insbesondere in der Konsumgütermarktforschung in starkem Maße mit den weniger kognitiv gesteuerten Verhaltensaspekten. Die Beschaffungsmarktforschung fokussiert den Blick dagegen stärker auf das rational Notwendige.

Diese Unterschiede schlagen sich im weiteren Vorgehen nieder.

Zuvor müssen wir die Struktur des Marktforschungsfeldes erläutern. Dazu gehen wir von folgender Übersicht aus:

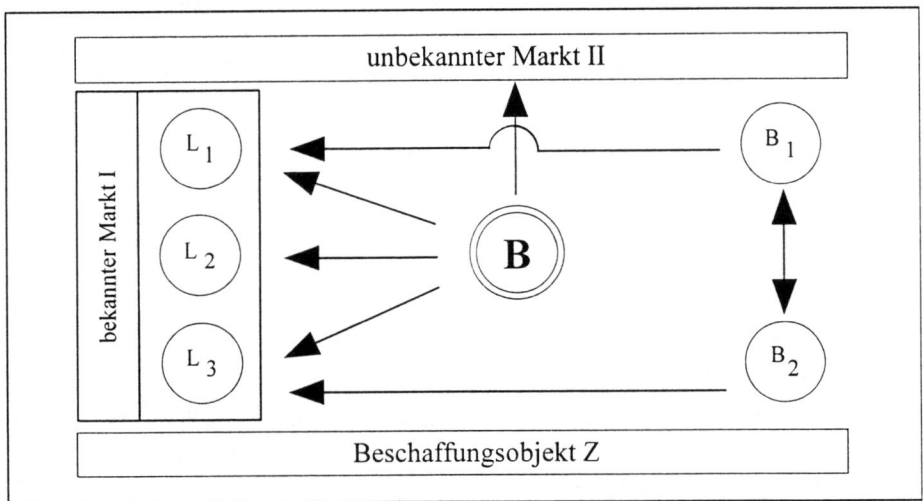

Übersicht 70: Zum Feld der Beschaffungsmarktforschung

Der Beschaffer (B) wendet sich herkömmlicherweise an Lieferanten (L$_1$ - L$_3$) auf bekannten Märkten. Ihn interessiert deren Leistungen und Kosten, er will etwas über die Konkurrenzintensität wissen. Da er im Regelfall nicht alleiniger Beschaffer ist, benötigt er auch Informationen über Beschaffungskonkurrenten (B_1, B_2). Dabei reichen Angaben über Marktanteile nicht aus. Man braucht mehr Informationen, um die Intensität der Beschaffungskonkurrenz abschätzen zu können. Dies ist für das spätere Verhandeln mit dem Lieferanten außerordentlich wichtig, um die Möglichkeit des anreizbeitrags-orientierten beschaffungspolitischen Instrumentariums nutzen zu können.

Neben der Zuwendung zu bekannten Märkten sollten in zunehmendem Maße auch noch unbekannte Märkte unter die Lupe genommen werden. Kommt man von entwikkelten und auf hohem technologischen Niveau befindlichen Märkten, dann wird man dort weniger nach den neuen, besseren technischen Lösungen suchen, sondern eher an geringeren Kosten und höherer Flexibilität interessiert sein. Danach wird man im einzelnen die Leistungsfähigkeit prüfen. Der Beschaffer benötigt somit Informationen über Lieferanten, Märkte und Beschafferkonkurrenten.

Für die Beschaffungsmarktforschung schlägt Stangl (1985) folgende Vorgehensweise vor:

1. Auswahl der zu untersuchenden Beschaffungsobjekte
   (→ marktforschungswürdige Beschaffungsobjekte)
2. Bestimmung der Beschaffungsinformationen
3. Gewinnung der Beschaffungsinformationen
4. Aufbereitung der Beschaffungsinformationen

Diese Vorgehensweise trägt dazu bei, daß Datenfriedhöfe vermieden werden, und daß dem ökonomischen Prinzip Rechnung getragen wird.

4.711 Marktforschungswürdige Beschaffungsobjekte

Für welches Beschaffungsobjekt soll man Beschaffungsmarktforschung betreiben? Für welches Objekt ist der Nutzen am größten? Je weniger Marktforschungskapazität zur Verfügung steht, um so dringender muß diese Frage beantwortet werden.

Wir können auf die Auswahlüberlegungen in Abschnitt 4.21 zurückgreifen. So wird auch in der Praxis, wenn man denn überhaupt Beschaffungsmarktforschung betreibt, vorgegangen, insbesondere konzentriert man sich auf die Auswahl anhand der ABC-Analyse.

Dieser Zustand ist jedoch unbefriedigend. Ein Unternehmen kämpft seit einiger Zeit um die Verbesserung der Absatzqualität (Leistungskonstanz) seiner Produkte; immer wieder kommt es durch den Ausfall eines Zukaufsteils von z.B. DM 2,30 zu Funktionsstörungen. Oder: Für den Einkäufer eines Gasversorgungsunternehmens sind Turbinen als Gasverdichter bei der Installation einer Gaspipeline insgesamt nicht kostenentscheidend, obwohl sie pro Stück 0,5 Mio. DM kosten. Auch dafür soll keine Beschaffungsmarktforschung betrieben werden?

Die bisherige Vorgehensweise erweist sich als zu grob. Die Differenzierung kann an der *Bedeutsamkeit* ansetzen. Welche Bedeutsamkeitsaspekte lassen sich zur Auswahl heranziehen? Zur Beantwortung dieser Frage greifen wir auf die Beschaffungsfunktionsziele zurück. Denkbar sind die

- Kostenbedeutsamkeit,
- Leistungsbedeutsamkeit,
- Sicherheitsbedeutsamkeit,
- Flexibilitätsbedeutsamkeit.

Kostenbedeutsamkeit bedeutet dann, daß das Beschaffungsobjekt in starkem Maße die Gesamtkosten des Primärobjektes (Absatzprodukt) beeinflußt. Das kann dann das einzelne Objekt sein, eben wenn nur eines eingebaut oder verarbeitet wird; es können aber auch mehrere Objekte sein, die Bedeutsamkeit ergibt sich aus dem Produkt von Menge x Preis. Dies ist die andere Facette des Beschaffungsobjektmerkmales "Preisbedeutsamkeit".

Als *Leistungsbedeutsamkeit* wollen wir den Einfluß des Beschaffungsobjektes auf die Endleistung des Primärproduktes verstehen - so wie wir das Beschaffungsobjektmerkmal Leistungsbedeutung in Abschnitt 2.24 bereits beschrieben haben. Leistungsbedeutsame Produkte müssen nicht unbedingt teure Produkte sein. Sie befinden sich entweder auf hohem Leistungsniveau oder es wird von ihnen eine hohe Leistungskonstanz und Langlebigkeit verlangt.

Die *Sicherheitsbedeutsamkeit* erstreckt sich vorrangig auf die Mengen- und Terminsicherheit. Unterliegen die Absatzprodukte starken Saisoneinflüssen (z.B. Modeprodukte, Süßwaren), dann müssen Termine und Planmengen noch exakter als bei anderen Produkten eingehalten werden, will man den deutlich zeitbezogenen Produktwert nicht verringern.

Die *Flexibilitätsbedeutsamkeit* erfaßt vorläufig vor allem Beschaffungsobjekte, die als Ausstattungsvarianten eines im Prinzip fix und fertig geplanten Produktes (z.B. Pkw, Möbel) dienen. Hier hängt es von der Bestellung der Käufer auf dem Absatzmarkt ab, welches Teil wie benötigt wird. Wenn die Zeitreduktion als akquisitorisches Instrument bedeutsam wird (→ Reduktion der Zeit zwischen Bestellung und Auslieferung), dann gewinnt die Flexibilität an Bedeutung. Das kann sowohl eine Mengen- als auch eine Leistungsflexibilität (Artflexibilität/Qualitätsflexibilität) sein.

So kommen wir in Abhängigkeit von der spezifischen Beschaffungszielsituation zur Auswahl der Beschaffungsobjekte, die zielbedingt im Mittelpunkt des Interesses stehen.

Hierauf aufbauend wollen wir noch einen Schritt weitergehen, indem wir zusätzlich noch die bereits beschriebenen Wenn-Bedingungen in unsere Auswahlüberlegungen einbeziehen.

Als Leitlinie kann die folgende Übersicht dienen:

Bedeutsamkeiten \ Informations-bedingungen	Einzelprodukt	Billigprodukt	Normprodukt	bewährtes Produkt	Spitzenprodukt	innovatives Produkt	beschafferspezi-fische Produkte	Mengen-bedeutsamkeit	usw.
Kostenbedeutsamkeit		X		X				X	
Leistungsbedeutsamkeit	X				X	X	X		
Risikobedeutsamkeit				X	X	X	X	X	
Flexibilitätsbedeutsamkeit				X	X	X	X		

Übersicht 71: Zur Auswahl von Beschaffungsobjekten nach Zielen

Wir kommen somit zu einer Konkretisierung. Wenn die Kostenbedeutsamkeit im Vordergrund des Beschaffungshandelns steht, dann können wir das bei den Beschaffungsobjektmerkmalen Billigprodukte, bewährte Produkte und Mengenbedeutsamkeit feststellen. Dies sind im Prinzip unter dieser Zielsetzung marktforschungsgeeignete Produkte.

Dominiert das Ziel der Leistungsbedeutsamkeit, dann kommen wir auf das Einzelprodukt, das Spitzenprodukt, das innovative und das Spezialprodukt. Bei der Sicherheitsbedeutsamkeit (Mengen- und Terminsicherheit) schälen sich das bewährte Produkt, das Spitzen-, innovative und Spezialprodukt sowie die Mengenbedeutsamkeit heraus. Und die Flexibilitätsbedeutsamkeit dürfte sich auf das bewährte Produkt, das Spitzenprodukt, das innovative sowie das Spezialprodukt konzentrieren, wenn hier Differenzierungen schnell durchgeführt werden müssen.

Deutlich wird durch diese Zuordnung, daß

– einige Beschaffungsobjektmerkmale mehrfach bei unterschiedlicher Zielsetzung marktforschungsrelevant sind;

– bei einigen Beschaffungsobjektmerkmalen eine eindeutige Zielordnung möglich ist;

– Normprodukte wenig marktforschungsrelevant erscheinen.

Nach diesen Überlegungen können wir auf Übersicht 31 zurückgreifen und Bedeutsamkeitsspezifizierungen vornehmen:

Wenn nun das neue Beschaffungsobjekt in die B- oder C-Klasse der Leistungs- oder Kosten- usw. -bedeutsamkeit fällt, wird man dafür im Augenblick keine Beschaffungsmarktforschung betreiben.

122

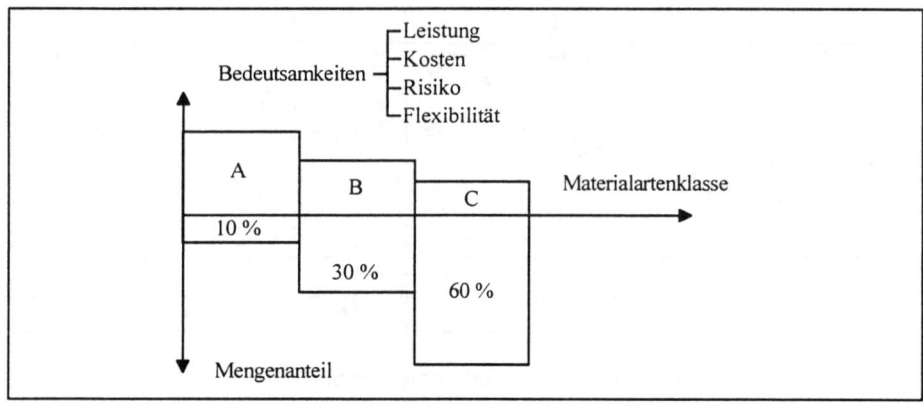

Übersicht 72: Materialarten nach Leistungsbedeutsamkeit klassifiziert

4.712 Beschaffungsinformationen

Erst im zweiten Schritt geht es also darum, festzulegen, welche Informationen von Interesse sein können.

Zuerst wiederum der Überblick:

Beschaffer	Lieferant
Anforderungen ⟶	Leistungsinformationen
Leistungen ⟶	Anforderungsinformationen
Beschafferkonkurrenz-informationen	Liefererkonkurrenz-informationen
allgemeine Märkteinformationen	

Übersicht 73: Informationsblöcke der Beschaffungsmarktforschung

Aufgrund des hier gewählten strategischen Ansatzes ist das Feld der zu erhebenden Tatbestände wesentlich größer, als das die herkömmliche Marktforschung zeigt (z. B. Arnold 1993).

(1) Leistungsinformationen

Die Leistungsinformationen ergeben sich zwangsläufig aus den Bedarfsanforderungen, denn das, was wir nicht brauchen, wird uns auch nicht zur Informationssuche veranlassen. Deshalb können wir die Übersicht 35 mit der kleinen Modifikation übernehmen, statt Anforderungen Informationen ergänzend anzuhängen. Dies zeigt die folgende Übersicht 74:

Objektinformationen

Mengeninformationen

große Menge
kleine Menge
hohe Mengenflexibilität
hohe Mengenkonstanz

Leistungsinformationen

Gestaltungsmittelakzeptanz
Gestaltungsleistungsakzeptanz
Gestaltungsmittelveränderbarkeit
Leistungsveränderbarkeit
Langlebigkeit
Leistungskonstanz
Einsatzvariabilität
Leistungssichtbarkeit
hoher Technologiestand
Werkzeugherstellungs- und instand-
haltungsfähigkeit
Werkzeug- und Materialbeistellungs-
akzeptanz

Modalitätsinformationen

Zeitinformationen

kurze Entwicklunsgzeit
kurze Produktionszeit
kurze Lieferzeit
Bereitstellungszeitpunkteinhaltung
Lieferzeitpunkteinhaltung
flexible Termingestaltung

Ortsinformationen

Lagerzugänglichkeit
Transportmittelanbindung
Lieferortakzeptanz

Informationen über Informationen

Informationskompetenz
Informationsbereitschaft
Problemlösungsbereitschaft
Geheimhaltung
Marktinformationen
Anwendungsberatung
Marketingzusammenarbeit

Lieferungsinformationen

Lieferzuverlässigkeit
Verpackungs- und Transportschutz
verarbeitungsgerechte Anlieferung
Vorrangbelieferung
Exklusivbelieferung
Lieferantensicherheit

Entgeltinformationen

Bereitschaft zur Kostenanalyse
Preissicherheit
lange Zahlungsziele
Leasingmöglichkeiten
leistungsbezogene Rabatt-
staffelung
Mindermengenzuschlagsverzicht

Serviceinformationen

Kundendienstbereitschaft
Recyclingbereitschaft
erweiterte Objektgarantie
Nachkaufsicherheit
Servicekapazität

Übersicht 74: Leistungsinformationen

124

(2) Anforderungsinformationen

Informationen darüber, was der Lieferant wünscht, wo ihn der Schuh drückt, an was er interessiert ist, entsprechen dem, was wir im Rahmen der Anreiz-Beitrags-Theorie (s. Übersicht 6) als Basis strategischer Beschaffungsentscheidungen betrachteten. Wenn wir in Verhandlungen mit dem Lieferanten treten, müssen wir wissen, woran er neben einem attraktiven Preis aus *seiner* Sicht sonst noch interessiert ist. Denn unsere Aufgabe ist es, einen aus *unserer* Sicht attraktiven Preis durch uns wenig kostende zusätzliche Anreize zu ermöglichen. Die Wirksamkeit der Anreizinstrumente basiert auf dem Wissen über die Anforderungen des Lieferanten. Die folgenden Anforderungen können aus Lieferantensicht bedeutsam sein:

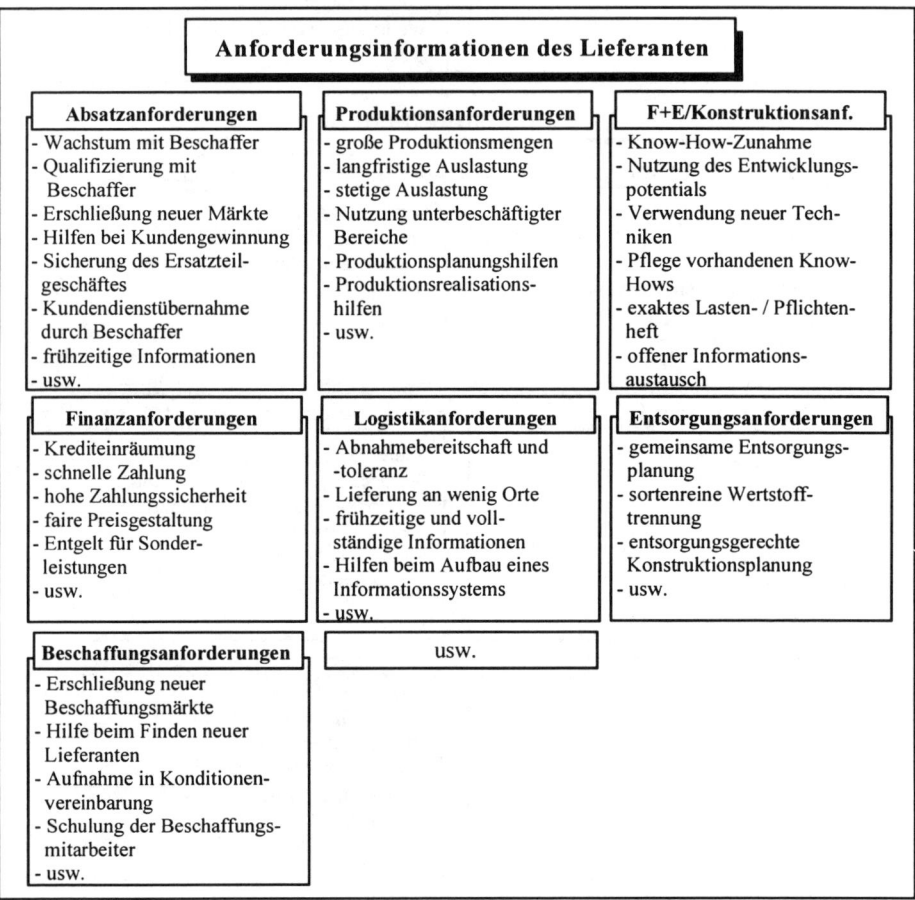

Übersicht 75: Anforderungsinformationen des Lieferanten

Die Strukturierung dieser Anforderungen zeigt wiederum deutlich die Funktionsvernetzung. Es reicht nicht aus, an den eigenen Funktionsgrenzen Halt zu machen.

Beim gegenwärtigen Stand der Entwicklung der Beschaffungspraxis wird es häufig vorkommen, daß entsprechende Fragen mit Erstaunen quittiert werden, weil man sich aus Lieferantensicht damit so noch nicht beschäftigt hat. Wenn man sich jedoch um Prozeßoptimierungen bemüht, wird man an diesem Themenkomplex nicht vorbeikommen.

(3) Liefererkonkurrenzinformationen

Über die Leistungen des einzelnen Lieferanten hinaus will man auch etwas darüber erfahren, wie das Verhältnis der Lieferanten untereinander aussieht. Aus der Marktformenlehre kennt man die Einteilung in polypolistische, oligopolistische und monopolistische Angebotsstrukturen. Das hängt ab von

- der Produktkonkurrenz,
- der Modalitätskonkurrenz,
- dem zukünftigen Innovationsverhalten,
- der Größe des Marktfeldes und der Konkurrenzintensität.

Die Produkt- und Modalitätskonkurrenz kann man als Leistungskonkurrenz zusammenfassen. Darüber erhellen die Leistungsinformationen. Es handelt sich allerdings eher um ein statisches Bild. Interessant ist darüber hinaus, was die Lieferanten morgen voraussichtlich können werden. Das kann sich aus deren Investitionsplänen ergeben. Wer baut welche Kapazitäten auf bzw. ab? Daraus kann man dann eine Intensivierung oder Reduzierung der Konkurrenzintensität ableiten.

Nur in wenigen Ausnahmefällen gibt es nur einen Lieferanten eines Produktes, man kennt die anderen nur nicht. Durch Ausweitung des Marktfeldes kann man neue potentielle Lieferanten entdecken. Auch Ansatzpunkte für die Entwicklung von Lieferanten können von Interesse sein, um Lieferantenmonopole zu brechen.

(4) Beschafferkonkurrenzinformationen

Zunächst muß der Konkurrent identifiziert werden. Hilfreich könnte die folgende Matrix sein:

Input \ Output	gleiches Endprodukt	verschiedenes Endprodukt
gleiches BO	1	2
gleiches Material	3	4
gleiches Verfahren	5	6

Übersicht 76: Zur Konkurrenzidentifikation

Am einfachsten ist es, vom Absatzkonkurrenten auszugehen. Bei ihm kann man einfach unterstellen, daß er zumindest ähnliche Beschaffungsobjekte benötigt (Feld 1). Wenn es um gleiches Material für das gleiche Endprodukt geht, hat man es häufig mit Materialkonjunkturzyklen (z.B. Stahlbaisse, Stahlhausse) zu tun.

Weniger konkurrenzintensiv fällt Feld 5 aus, da im Regelfall das gleiche Verfahren häufig angeboten wird. Aufpassen muß man bei den Feldern 2 und 4. Wenn das gleiche Produkt in verschiedene Endprodukte eingebaut wird, müssen jeweils andere Konjunkturzyklen beobachtet werden. Stellt man beispielsweise fest, daß die verschiedenen Verwenderbranchen eines Materials die gleichen Konjunkturzyklen gleichzeitig aufweisen, dann darf man sich über Preissprünge nicht wundern.

Am schwierigsten ist sicherlich Fall 6 zu lösen. Erst nach der *Identifikation* des Konkurrenten kann man die bei ihm benutzten *Verfahren* und die daraus folgenden Verhaltensweisen unter die Lupe nehmen. Wenn z.B. X aufgrund einer eingehenden Einkaufskostenanalyse bei einem Zulieferer eine Preisreduktion von 20 % durchsetzt, dann gerät Y in Gefahr, wenn das Unternehmen nicht ähnlich vorgeht, die Preisreduktion für X mitzubezahlen. Das Verhalten erstreckt sich auf alle genannten Entscheidungsaspekte:

– Wahl der beschaffungspolitischen Instrumente
– Märkte- und Lieferantenwahl
– Ziel- und Strategiewahl
– Methodenwahl.

Und schließlich ist die *Marktbedeutsamkeit* des Beschafferkonkurrenten zu klären. Worauf konzentrieren sich welche Beschaffungsvolumina? Mit welchen Beschaffungspotentialen (s. Abschnitt 4.13) muß ich beim Konkurrenten rechnen?

(5) Märkteinformationen

Auch hier können wir wieder auf bereits Dargestelltes zurückgreifen. Die Merkmale für die Märkteanalyse (s. Abschnitt 4.31) sind gleichzeitig die uns hier interessierenden Märkteinformationen (siehe hierzu Übersicht 40).

4.713 Informationsauswahl

Jetzt stellen wir die schon so häufig benutzte Frage nach dem Wenn. Von den Entscheidungsbedingungen hängt es ab, welche der erläuterten Informationen wichtig sind, auf welche man verzichten kann. Wir orientieren uns dabei an den dargestellten Informationen.

(1) Für die *Leistungsinformationen* greifen wir auf Übersicht 36 zurück. Dort haben wir festgehalten, welche Bedarfsanforderungen wann bedeutsam sind. Diese Auswahlmatrix können wir hier so mit kleinen Wortanpassungen (Informationen) übernehmen. Damit reduzieren wir auch den Programmierungsaufwand für das vorge-

schlagene Entscheidungsunterstützungssystem. Dies soll in der folgenden Übersicht 77 deutlich werden:

Informationen über Leistungen des Lieferanten		Einzelprodukt	Billigprodukt	Normprodukt	bewährtes Produkt	Spitzenprodukt	innovatives Produkt	beschafferspezifisches Produkt	Mengenbedeutsamkeit	usw.
Mengeninformationen	große Menge		X_1	X_1	X_2				X_1	
	kleine Menge	X_1				X_2	X_2	X_2		
	hohe Mengenflexibilität			X_2					X_2	
	hohe Mengenkonstanz					X_1	X_1	X_1	X_1	
Leistungsinformationen	Gestaltungsmittelakzeptanz	X_1			X_1	X_1	X_1	X_1		
	Gestaltungsleistungsakzeptanz	X_1			X_1	X_1	X_1	X_1		
	Gestaltungsmittelveränderbarkeit						X_2			
	Leistungsveränderbarkeit					X_1	X_1	X_2		
	Langlebigkeit	X_2			X_1	X_2	X_2			
	Leistungskonstanz			X_1	X_1				X_1	
	Einsatzvariabilität		X_2	X_1						
	Leistungssichtbarkeit					X_1	X_1			
	hoher Technologiestand	X_1				X_1	X_1	X_1		
	Werkzeugherstellungsfähigkeit	X_2					X_2	X_2		
	Werkzeug- und Materialbeistellungsakzeptanz				X_2				X_3	
Zeitinformationen	kurze Entwicklungszeit					X_2	X_1	X_1		
	kurze Produktionszeit			X_1	X_2				X_1	
	kurze Lieferzeit		X_1	X_1	X_2				X_1	
	Bereitstellungszeitpunkteinhaltung			X_1	X_1				X_1	
	Lieferzeitpunkteinhaltung	X_2	X_1	X_1	X_1				X_1	
	flexible Termingestaltung			X_2	X_2					
Ortsinformationen	Lagerzugänglichkeit				X_3	X_2			X_2	
	Transportmittelanbindung				X_2	X_2			X_2	
	Lieferortakzeptanz			X_2	X_2	X_2			X_2	
Lieferungsinformationen	Lieferzuverlässigkeit			X_1	X_2	X_1	X_1	X_1	X_1	
	Verpackungs- und Transportschutz	X_2				X_2	X_2	X_2		
	verarbeitungsgerechte Anlieferung		X_1	X_1	X_2				X_1	
	Vorrangbelieferung					X_2	X_2	X_1		
	Exklusivbelieferung					X_2	X_2	X_1		
	Lieferantensicherheit	X_1			X_1	X_1	X_1	X_1	X_1	
Entgeltinformationen	Bereitschaft zur Kostenanalyse	X_1			X_1	X_2	X_2		X_1	
	Preissicherheit	X_2			X_2				X_2	
	lange Zahlungsziele	X_2						X_3		
	Leasingmöglichkeiten	X_2								
	leistungsbezogene Rabattstaffelung					X_2			X_2	
	Mindermengenzuschlagsverzicht			X_2	X_2					
Serviceinformationen	Kundendienstbereitschaft	X_1				X_1	X_1	X_1		
	Recyclingbereitschaft	X_2	X_1	X_2	X_2	X_2	X_2	X_2	X_1	
	erweiterte Objektgarantie	X_1			X_2					
	Nachkaufsicherheit				X_1					
	Servicekapazität	X_3				X_3	X_3	X_3		
Informationsinformationen	Informationskompetenz	X_2				X_1	X_1	X_1		
	Informationsbereitschaft	X_2				X_1	X_1	X_1		
	Problemlösungsbereitschaft	X_1				X_1	X_1	X_1		
	Geheimhaltung					X_2	X_2	X_1		
	Marktinformation					X_2	X_2	X_2		
	Anwendungsberatung	X_2				X_2	X_2	X_2		
	Marketingzusammenarbeit					X_2	X_2			

Übersicht 77: Zur Auswahl der Leistungsinformationen

(2) Ähnlich gehen wir bei den *Anforderungsinformationen* vor. Dies ergibt sich aus der nächsten Übersicht; wir greifen auf Übersicht 47 zurück.

Informationen über die Anforderungen der Lieferanten		Einzelprodukt	Billigprodukt	Normprodukt	bewährtes Produkt	Spitzenprodukt	innovatives Produkt	beschafferspezifisches Produkt	Mengenbedeutsamkeit	usw.
Absatzanforderungen	Wachstum mit Beschaffer					X	X	X	X	
	Qualifizierung mit Beschaffer	X				X	X	X		
	Erschließung neuer Märkte					X	X			
	Hilfen bei Kundengewinnung	X				X	X		X	
	Sicherung des Ersatzteilgeschäftes				X	X	X	X		
	Kundendienstübernahme durch Beschaffer				X	X	X	X		
	frühzeitige Informationen					X	X	X		
	usw.									
F&E-/Konstruktionsanforderungen	Know-How-Zunahme	X				X		X		
	Nutzung des Entwicklungspotentials	X				X	X	X		
	Verwendung neuer Techniken	X				X	X	X		
	Pflege vorhandenen Know-Hows					X	X	X		
	exaktes Lasten- / Pflichtenheft	X				X	X	X	X	
	offener Informationsaustausch	X				X	X	X		
	usw.									
Produktionsanforderungen	große Produktionsmengen		X	X	X				X	
	langfristige Auslastung		X	X	X		X	X	X	
	stetige Auslastung		X	X	X	X	X	X	X	
	Nutzung unterbeschäftigter Bereiche		X	X				X	X	
	Produktionsplanungshilfen	X				X	X	X	X	
	Produktionsrealisationshilfen	X				X	X	X	X	
	usw.									
Beschaffungsanforderungen	Erschließung neuer Beschaffungsmärkte					X	X		X	X
	Hilfe beim Finden neuer Lieferanten					X	X	X	X	X
	Aufnahme in Konditionenvereinbarung					X	X	X	X	X
	Schulung der Beschaffungsmitarbeiter					X	X	X		
Finanzanforderungen	Krediteinräumung	X				X	X	X		
	schnelle Zahlung	X		X	X	X	X	X	X	
	hohe Zahlungssicherheit	X		X	X	X	X	X	X	
	faire Preisgestaltung	X				X	X	X	X	
	Entgelt für Sonderleistungen	X				X		X		
	usw.									
Logistikanforderungen	Abnahmebereitschaft und -toleranz		X	X	X			X	X	
	Lieferung an wenige Orte		X	X	X				X	
	frühzeitige und vollständige Informationen	X				X	X	X		
	Hilfen beim Aufbau eines Informationssystems					X	X	X		
	usw.									
Entsorgungsanford.	gemeinsame Entsorgungsplanung		X			X	X	X	X	
	sortenreine Wertstofftrennung		X			X	X	X	X	
	entsorgungsgerechte Konstruktionsplanung					X	X	X		
	usw.									

Bedingungen (Objektmerkmale)

Übersicht 78: Zur Auswahl der Anforderungsinformationen

Diese Anforderungsinformationen benutzen wir bei den Lieferantenverhandlungen. Dafür reicht es zu sagen, welche Anforderungen in Abhängigkeit von unseren Objektmerkmalen für die Wahl des Anreizinstrumentes bedeutsam sein können; eine weitere Gewichtung der Bedeutsamkeiten scheint nicht nötig.

(3) Die *Konkurrenzinformationen* sind dagegen weniger spezifisch, als daß sich Filterungen in Abhängigkeit von den Beschaffungsobjektmerkmalen durchführen ließen. Sie müssen generell erhoben und jeweils gepflegt werden.

(4) Spezifischer sind wieder die *Märkteinformationen*. Hier können wir auf Übersicht 42 zurückgreifen, die wir analog dem bisherigen Vorgehen modifizieren.

	Bedingung (Objekt-Merkmale) / Märkteinformationen über	Einzelprodukt	Billigprodukt	Normprodukt	bewährtes Produkt	Spitzenprodukt	innovatives Produkt	beschafferspezifisches Produkt	Mengenbedeutsamkeit	usw.
Leistungen	Arbeitsleistungen	X_1			X_2	X_1	X_1	X_1	X_2	
	Managementleistungen	X_1				X_1	X_1	X_1	X_2	
	Technologie	X_1				X_1	X_1	X_1		
	Logistikleistungen		X_1	X_1					X_1	
	Kommunikationsleistungen	X_1				X_1	X_1	X_1		
	Kapitalleistungen		X_2	X_2					X_2	
	Staatsleistungen		X_2	X_2			X_3	X_3		
Kosten	Arbeitskosten	X_2	X_1	X_1	X_1	X_2	X_2	X_2	X_1	
	Produktionsmittelkosten	X_2	X_1	X_1	X_1	X_2	X_2	X_2	X_1	
	Logistikkosten		X_1	X_1	X_1				X_1	
	Kapitalkosten	X_2	X_2	X_2					X_2	
	Umweltschutzkosten	X_2	X_2	X_2	X_3	X_2	X_2	X_2	X_2	
	Staatskosten	X_2	X_2	X_2	X_2	X_3	X_2	X_2	X_2	
Risiko	Importabhängigkeit		X_2		X_2				X_2	
	Klimaabhängigkeit		X_1	X_1	X_1				X_1	
	politische Instabilität		X_2			X_1	X_2	X_2	X_1	
	Streikgefahr	X_1	X_2		X_1	X_1	X_1	X_1	X_1	
	ökonomische Instabilität	X_1	X_2		X_1	X_1	X_1	X_1	X_1	
	keine Substitutionsmöglichkeiten					X_2	X_2	X_2		
	Rohstoffspekulationen			X_2	X_2				X_2	

Übersicht 79: Zur Auswahl der Märkteinformationen

130

4.714 Informationsgewinnung

Wie und woher sollen die benötigten Informationen gewonnen werden? Eine mögliche Struktur zeigt die folgende Übersicht:

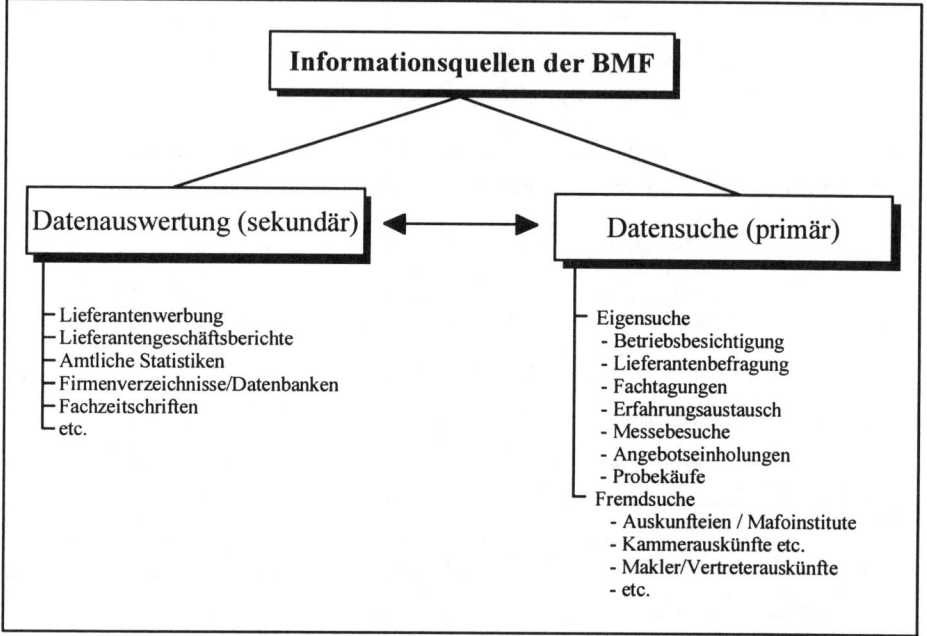

Übersicht 80: Informationsquellen der Beschaffungsmarktforschung

Im Regelfall beginnt man die praktische Arbeit mit der Sekundärforschung. Die Suche und Interpretation vorhandenen Materials dient der thematischen Orientierung. Die Sekundärforschung ist prinzipiell billiger als die Primärforschung, weil die Erhebungskosten entfallen. Konkreter auf den eigenen Informationszweck ausgerichtet sind die Primärinformationsquellen, die sich selbst erklären.

Damit können wir die Frage nach der Quelleneignung stellen. Wie in Übersicht 81 dargestellt, zeigen sich, je nachdem welche Informationen erhoben werden, unterschiedliche Eignungsgrade (hier: X_1 sehr gut bis X_5 kaum geeignet).

Die besondere Eignung der Lieferantenbefragung, der Angebotseinholung, der Messebesuche, der Fachtagungen und der Betriebsbesichtigungen wird offenkundig.

Eine noch viel stärkere Quellenkonzentration findet bei der Gewinnung von Anforderungsinformationen der Lieferanten statt (siehe Übersicht 82).

Informationen über Leistungen des Lieferanten		Lieferantenwerbung	Lieferantengeschäftsbericht	Fachzeitschriften	Amtliche Statistiken	Lieferverzeichn. (Datenbanken)	Lieferantenbefragung	Angebotseinholung	Betriebsbesichtigung	Messebesuche	Auskunfteien/Mafo-Institute	Makler/Vertreterausk.	Kammerauskünfte	Fachtagungen (Erfa)	Probekäufe	usw.
Mengen-informationen	große Menge	x_5	x_4			x_4	x_1	x_2	x_1	x_3	x_2	x_4		x_2		
	kleine Menge	x_3	x_4			x_2	x_1	x_1	x_2	x_2	x_3	x_3	x_3	x_1		
	hohe Mengenflexibilität	x_5	x_4				x_1	x_1		x_2				x_2		
	hohe Mengenkonstanz						x_1	x_2		x_2				x_1		
Leistungs-informationen	Gestaltungsmittelakzeptanz		x_4				x_1	x_2		x_3		x_3		x_2	x_1	
	Gestaltungsleistungsakzeptanz														x_1	
	Gestaltungsmittelveränderbarkeit	x_3	x_4				x_1	x_3	x_2	x_2				x_1		
	Leistungsveränderbarkeit							x_4	x_3	x_3				x_2	x_1	
	Langlebigkeit	x_4			x_3		x_1		x_1	x_3		x_2		x_1		
	Leistungskonstanz	x_3	x_4	x_3			x_1		x_1			x_2		x_1		
	Einsatzvariabilität	x_2					x_1			x_2				x_3	x_2	
	Leistungssichtbarkeit	x_1	x_3				x_2		x_1	x_1				x_3	x_1	
	hoher Technologiestand	x_4	x_3	x_5		x_5	x_2	x_5	x_1	x_3	x_4	x_3		x_2	x_2	
	Werkzeugherstellungsfähigkeit	x_4	x_5			x_5	x_2	x_3	x_2	x_3	x_4	x_2		x_1	x_2	
	Werkzeug- und Materialbeistellungsakzeptanz						x_1	x_1		x_3				x_2	x_1	
Zeit-informationen	kurze Entwicklungszeit						x_2	x_2		x_3		x_2		x_1	x_1	
	kurze Produktionszeit		x_4				x_2	x_2	x_2	x_2		x_2		x_1	x_1	
	kurze Lieferzeit		x_4				x_2	x_2		x_3		x_2		x_1	x_1	
	Bereitstellungszeitpunkteinhaltung											x_3		x_1	x_1	
	Lieferzeitpunkteinhaltung											x_3		x_1	x_1	
	flexible Termingestaltung						x_1	x_3		x_3				x_1		
Orts-informationen	Lagerzugänglichkeit						x_1	x_2	x_1	x_2		x_2		x_2		
	Transportmittelanbindung		x_4				x_1	x_2	x_1	x_2		x_2		x_2		
	Lieferortakzeptanz						x_1	x_1		x_2		x_3	x_3	x_2		
Lieferungs-informationen	Lieferzuverlässigkeit	x_3	x_4				x_2	x_3		x_3		x_2		x_1	x_1	
	Verpackungs- und Transportschutz		x_5	x_4			x_1	x_1	x_1	x_2		x_3		x_2	x_1	
	verarbeitungsgerechte Anlieferung		x_5	x_4			x_1	x_1	x_1	x_2		x_2		x_1	x_1	
	Vorrangbelieferung						x_1	x_2		x_3						
	Exklusivbelieferung			x_3			x_1	x_1		x_3		x_2		x_2		
	Lieferantensicherheit		x_2			x_3	x_1	x_1		x_3	x_2	x_2		x_3		
Entgelt-informationen	Bereitschaft zur Kostenanalyse						x_1	x_1		x_2		x_1		x_2		
	Preissicherheit						x_2	x_2						x_1		
	lange Zahlungsziele						x_1	x_1				x_2		x_2		
	Leasingmöglichkeiten						x_1	x_1				x_2				
	leistungsbezogene Rabattstaffelung						x_1	x_1								
	Mindermengenzuschlagsverzicht						x_1	x_1								
Service-informationen	Kundendienstbereitschaft	x_2	x_3				x_1	x_1		x_2	x_3	x_2	x_2	x_2		
	Recyclingbereitschaft	x_2	x_3	x_3			x_1	x_1		x_2		x_2		x_2	x_1	
	erweiterte Objektgarantie						x_1	x_3	x_2	x_3		x_2		x_2	x_1	
	Nachkaufsicherheit						x_1	x_3		x_3		x_2		x_2		
	Servicekapazität	x_2	x_3				x_1	x_1						x_2		
Informationen	Informationskompetenz	x_3		x_3			x_2	x_2		x_2		x_2		x_1		
	Informationsbereitschaft	x_2		x_3			x_1	x_2		x_2		x_2		x_1		
	Problemlösungsbereitschaft	x_2	x_4				x_2	x_2		x_2		x_2		x_1	x_1	
	Geheimhaltung	x_3					x_1	x_1		x_2				x_1		
	Marktinformation	x_2					x_1	x_1		x_2				x_1		
	Anwendungsberatung	x_2	x_4	x_4			x_1	x_1		x_2		x_2		x_1		
	Marketingzusammenarbeit	x_2					x_1	x_1		x_2						

Übersicht 81: Informationsquellen für Leistungsinformationen

Informationsquellen

Informationen über die Anforderungen der Lieferanten

Gruppe	Anforderung	Lieferantenwerbung	Lieferantengeschäftsberichte	Fachzeitschriften	Amtliche Statistiken	Lieferverzeichn. (Datenbanken)	Lieferantenbefragung	Angebotseinholung	Betriebsbesichtigung	Messebesuche	Auskunfteien / Mafoinstitute	Makler/Vertreterauskünfte	Kammerauskünfte	Fachtagungen (Erfa)	Probekäufe	usw.
Absatzanforderungen	Wachstum mit Beschaffer						X_1		X_3					X_2		
	Qualifizierung mit Beschaffer						X_1		X_3					X_2		
	Erschließung neuer Märkte						X_1		X_3					X_2		
	Hilfen bei Kundengewinnung						X_1		X_3					X_2		
	Sicherung des Ersatzteilgeschäftes						X_1		X_3					X_2		
	Kundendienstübernahme durch Beschaffer						X_1		X_3					X_2		
	frühzeitige Informationen						X_1		X_3							
	usw.															
F&E-/Konstruktionsanforderungen	Know-How-Zunahme						X_1	X_2	X_3					X_2		
	Nutzung des Entwicklungspotentials						X_1		X_3					X_2		
	Verwendung neuer Techniken						X_1	X_2	X_3					X_2		
	Pflege vorhandenen Know-Hows						X_1	X_2	X_3					X_2		
	exaktes Lasten- / Pflichtenheft						X_1		X_3					X_2		
	offener Informationsaustausch						X_1		X_3					X_2		
	usw.															
Produktionsanforderungen	große Produktionsmengen						X_1	X_2	X_3					X_2		
	langfristige Auslastung						X_1	X_2	X_3					X_2		
	stetige Auslastung					X_1	X_1	X_2	X_3					X_2		
	Nutzung unterbeschäftigter Bereiche						X_1	X_2	X_3					X_2		
	Produktionsplanungshilfen						X_1	X_2	X_3					X_2		
	Produktionsrealisationshilfen						X_1	X_2	X_3					X_2		
	usw.															
Beschaff. anford.	Erschließung neuer Beschaffungsmärkte						X_1		X_3					X_2		
	Hilfe beim Finden neuer Lieferanten						X_1		X_3					X_2		
	Aufnahme in Konditionenvereinbarung						X_1		X_3					X_2		
	Schulung der Beschaffungsmitarbeiter						X_1							X_2		
Finanzanforderungen	Krediteinräumung						X_1		X_3					X_2		
	schnelle Zahlung					X_1	X_1		X_3					X_2		
	hohe Zahlungssicherheit						X_1		X_3					X_2		
	faire Preisgestaltung						X_1		X_3					X_2		
	Entgelt für Sonderleistungen					X_1	X_1		X_3					X_2		
	usw.															
Logistikanforderungen	Abnahmebereitschaft und -toleranz						X_1		X_3					X_2		
	Lieferung an wenig Orte					X_1	X_1		X_3					X_2		
	frühzeitige und vollständige Informationen						X_1		X_3					X_2		
	Hilfen beim Aufbau eines Informationssystems						X_1		X_3					X_2		
	usw.															
Entsorgungsanford.	gemeinsame Entsorgungsplanung						X_1		X_3					X_2		
	sortenreine Wertstofftrennung					X_1	X_1		X_3					X_2		
	entsorgungsgerechte Konstruktionsplanung						X_1							X_2		
	usw.															

Übersicht 82: Informationsquellen für Anforderungsinformationen

Aus Übersicht 82 wird offenkundig, daß sich nur wenige, im Regelfall nur die personengebundenen Quellen für die Informationsgewinnung über die Anforderungen des Lieferanten eignen: Am meisten dürfte man durch die Lieferantenbefragung erfahren. Der Erfahrungsaustausch mit Kollegen kann die Informationen absichern. Wenn man beachtet, daß diese Erfahrungen vor einem anderen Unternehmenshintergrund entstanden, dann reduziert man die Gefahr der Überinterpretation. Auf Messen spricht man meist mit Verkaufspersonal unter Zeitdruck. Nicht immer wird man das für den Lieferanten Wünschenswerte in der benötigten Klarheit erfahren. Bei Betriebsbesichtigungen schließt man aus dem Gesehenen auf mögliche Anforderungen. Das kann zur Bestätigung oder Infragestellung dessen dienen, was man im Lieferantengespräch erfahren hat. Aus der Angebotsabgabe können auch einige Anforderungen abgeleitet werden.

Abschließend wollen wir die Zuordnungsüberlegungen mit den *Marktinformationen*. Dies zeigt Übersicht 83:

Informationsquellen / Märkteinformationen über	Lieferantenwerbung	Lieferantengeschäftsberichte	Fachzeitschriften	Amtliche Statistiken	Lieferverzeichn. (Datenbanken)	Lieferantenbefragung	Angebotseinholung	Betriebsbesichtigung	Messebesuche	Auskunfteien / Mafoinstitute	Makler/Vertreterauskünfte	Kammerauskünfte	Fachtagung (Erfahrungsaustausch)	Probekäufe	usw.
Leistungen – Arbeitsleistungen					x_3					x_2	x_1	x_2			
Managementleistungen										x_2	x_1	x_3			
Technologie					x_2					x_2	x_1	x_2			
Logistikleistungen										x_2	x_1	x_2			
Kommunikationsleistungen										x_2	x_1	x_2			
Kapitalleistungen										x_2	x_1	x_2			
Staatsleistungen					x_2					x_2	x_1	x_2			
Kosten – Arbeitskosten				x_1	x_1					x_1	x_2	x_1			
Produktionsmittelkosten				x_1	x_1					x_1	x_2	x_1			
Logistikkosten				x_1	x_1					x_1	x_2	x_1			
Kapitalkosten				x_1	x_1					x_1	x_2	x_1			
Umweltschutzkosten				x_3	x_2					x_1	x_1	x_2			
Staatskosten				x_1	x_1					x_1	x_2	x_1			
Risiko – Importabhängigkeit				x_1	x_2					x_1	x_3	x_2			
Klimaabhängigkeit					x_2					x_1	x_1	x_2			
politische Instabilität										x_1	x_1	x_2			
Streikgefahr				x_2						x_1	x_1	x_2			
ökonomische Instabilität				x_1	x_2					x_1	x_1	x_2			
keine Substitutionsmöglichkeiten										x_1	x_2	x_2			
Rohstoffspekulationen										x_1	x_1	x_2			

Übersicht 83: Informationsquellen für Märkteinformationen

Hier wird deutlich, daß für Märkteinformationen andere Quellen bedeutsam sind und daß sich spezifische Quellenhäufungen herauskristallisieren. Wendet man sich neuen Märkten zu, dann wird man sich auf Auskunfteien, Marktforschungsinstitute, Makler- und Vertreterauskünfte, Kammerinformationen wohl für alle benötigen Informationsbereiche stützen können. Lieferantenverzeichnisse, entsprechend aufgebaute Datenbänke sowie amtliche Statistiken können hinzutreten.

Stehen nun mehrere Quellen zur Erhebung derselben Informationen zur Verfügung, muß man unter dem Kosten-Leistungsaspekt prüfen, welche Quelle die geeignetere ist. Die folgende Übersicht enthält eine Graduierung nach den Kriterien Verläßlichkeit, Aktualität und Kosten:

Eignungs-aspekt / Info-quellen	große Verläßlichkeit		große Aktualität		geringe Kosten
	große Sicherheit	große Genauigkeit	statisch	dynamisch	
Lieferantenwerbung	o	-	+	-	+
Geschäftsbericht (Lieferanten)	o	o	-	-	+
Fachzeitschriften	o	+	+	o	+
Amtliche Statistiken	+	o	-	-	+
Lieferverzeichnisse	+	o	-	-	+
Lieferanten-befragungen	o	o	+	o	o
Ausschreibungen Angebotseinholung	+	+	+	o	o
Betriebsbesichtigung	+	+	+	o	o
Messebesuche	o	o	+	o	o
Auskunfteien	o	o	o	o	-
Makler / Vertreter	+	o	+	+	-
Kammerauskünfte	o	-	o	-	+
Fachtagungen (Erfa)	+	+	+	o	-
Probekäufe	+	+	+	-	-

+ = Anforderung wird gut erfüllt   0 = Anforderung wird mäßig erfüllt   - = Anforderung wird schlecht erfüllt

Übersicht 84: Zur Quelleneignung

In der konkreten Unternehmenssituation muß geprüft werden, ob die Mitarbeiter dieser Eignungsbewertung zustimmen oder ob sie anders und dann warum sie anders votieren.

4.715 Informationsverarbeitung und Darstellung

Die folgenden Ausführungen können wir deshalb kurzhalten, weil sie nicht ureigenes Beschaffungshandeln darstellen. Hier wird auf die Statistik zurückgegriffen. Dennoch müssen Antworten auf die Fragen gefunden werden, wie man denn die vielfältigen Informationen, die man benötigt, und die man gewonnen hat, so aufbereitet und darstellt, daß der einzelne damit auch vernünftig umgehen kann.

Übersicht 85: Informationsverarbeitungsmöglichkeiten

Ebenfalls aus der Statistik sind die folgenden Möglichkeiten der Informationsdarstellung bekannt. Prinzipiell gilt es, knappe und informationsreiche Darstellungen zu wählen, die sich schnell selbst erklären.

136

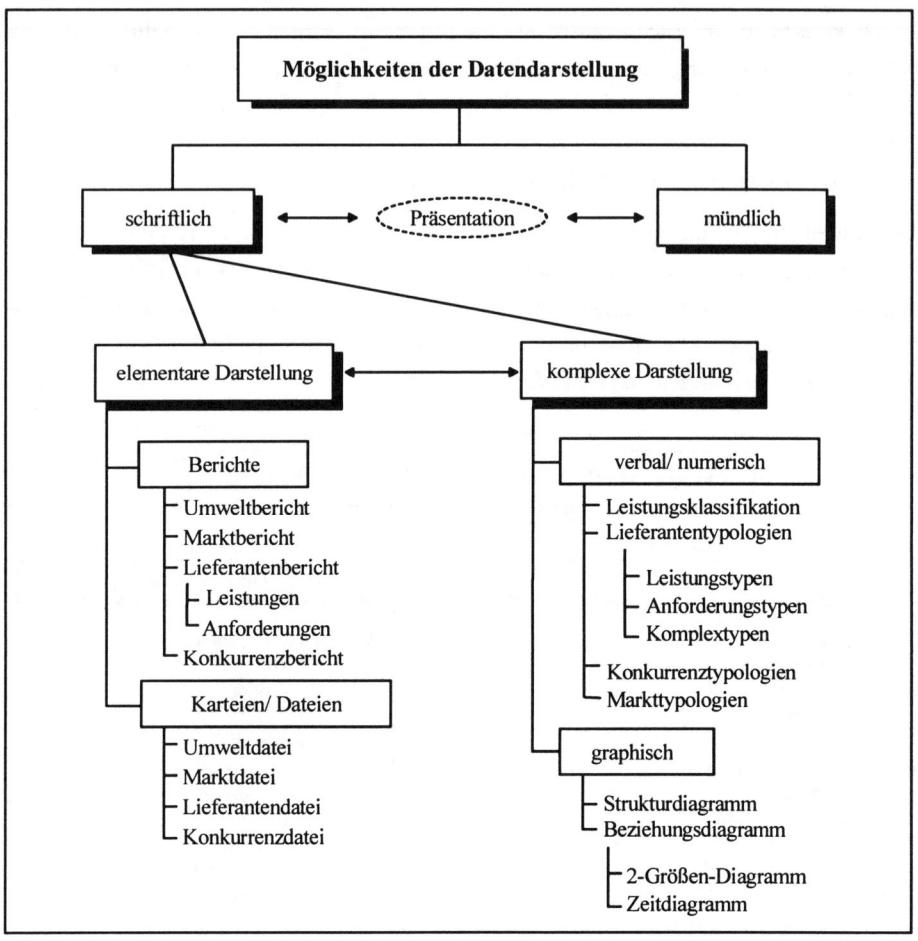

Übersicht 86: Möglichkeiten der Informationsdarstellung

Darstellen kann man mündlich wie schriftlich. Auch beim mündlichen Vortrag benutzt man in der Regel schriftliche Unterlagen; deshalb und um die jederzeitige Zugriffsfähigkeit zu sichern, wird die schriftliche Darstellungsform pointiert.

Bei der elementaren Darstellungsform werden die Informationen eher isoliert aufbereitet. Interessanter sind die komplexen Darstellungsformen. Hier kann man auf geringer Darstellungsfläche viel unterbringen. Es hängt vom Unternehmen und dessen jeweiliger Situation ab, welche Darstellungsform gewählt wird. Ein ständiger Wechsel der Form wirkt kontraproduktiv. Es muß immer wieder neu überlegt werden, wie man denn diese Darstellung zu interpretieren habe.

4.72 Beschaffungskontrolle

Die Steuerung des Unternehmens durch interne Informationen folgt aus Ergebnisfeststellungen der am Beschaffungs- und Verarbeitungsprozeß Beteiligten. Ist-Werte werden mit Soll-Werten verglichen. Das dient folgenden Zwecken:

– Aus der Dreiteilung betriebswirtschaftlichen Handelns in Planung, Realisation und Kontrolle ergibt sich die *Ergebnisfeststellungsfunktion*. Durch Gegenüberstellung der intendierten Planwerte mit dem Planungsvollzug zeigt sich das Handlungsergebnis.

– Aus der Ergebnisfeststellung resultiert die *Führungsfunktion* der Unternehmung. Wenn man zwischen Willensbildung, Willensdurchsetzung und Willenssicherung unterscheidet, dann obliegt der Kontrolle die Willenssicherung (Bleicher/Meyer 1976, S. 56).

– Stellt man Abweichungen zwischen Soll und Ist fest, muß man prüfen, was das für Konsequenzen hat. Die *Regelfunktion* erfaßt, inwieweit durch Kontrollergebnisse Anpassungsmaßnahmen vorgenommen werden müssen. Die Anpassung kann sich auf das Ist (Maßnahmen), ebenso aber auch auf das Soll (Zielsetzungen) erstrecken.

– Maßnahmen werden von Personen ergriffen. Kontrollen steuern das, was Personen tun. Dabei geht es um die beiden bereits erwähnten *Lern-* und *Motivationsfunktionen*. Das Ist als Wirkung zeigt dem Handelnden, ob die Hypothesen seines Maßnahmeneinsatzes richtig waren. Das Lernen nach dem Verstärkerprinzip erklärt, daß Maßnahmen, die zur Zielerreichung führten, fortgesetzt werden, Maßnahmen, die Mißerfolge brachten, dagegen durch andere ersetzt werden müssen. Gleichzeitig motiviert der dokumentierte Erfolg.

Neben die interne Beschaffungskontrolle tritt in jüngerer Zeit das *Benchmarking* als Prozeßvergleich (Aufgabenerledigungsvergleich) verschiedener Unternehmen in den Vordergrund. Dabei dominiert das Bemühen, sich mit dem Besten zu vergleichen. Das konsequenteste Vorgehen liegt im Vergleich mit dem absolut Prozeßbesten, der dann eher einer anderen Branche angehört (→ best practice). Benchmarking befindet sich im Beschaffungsbereich noch in den Kinderschuhen.

4.721 Der Kontrollprozeß

Die Beschaffungskontrolle hat eine inhaltliche, eine methodische und eine prozessuale Seite. Wir wollen zuerst den Prozeß klären. Den Ausgangspunkt bildet die folgende Übersicht:

138

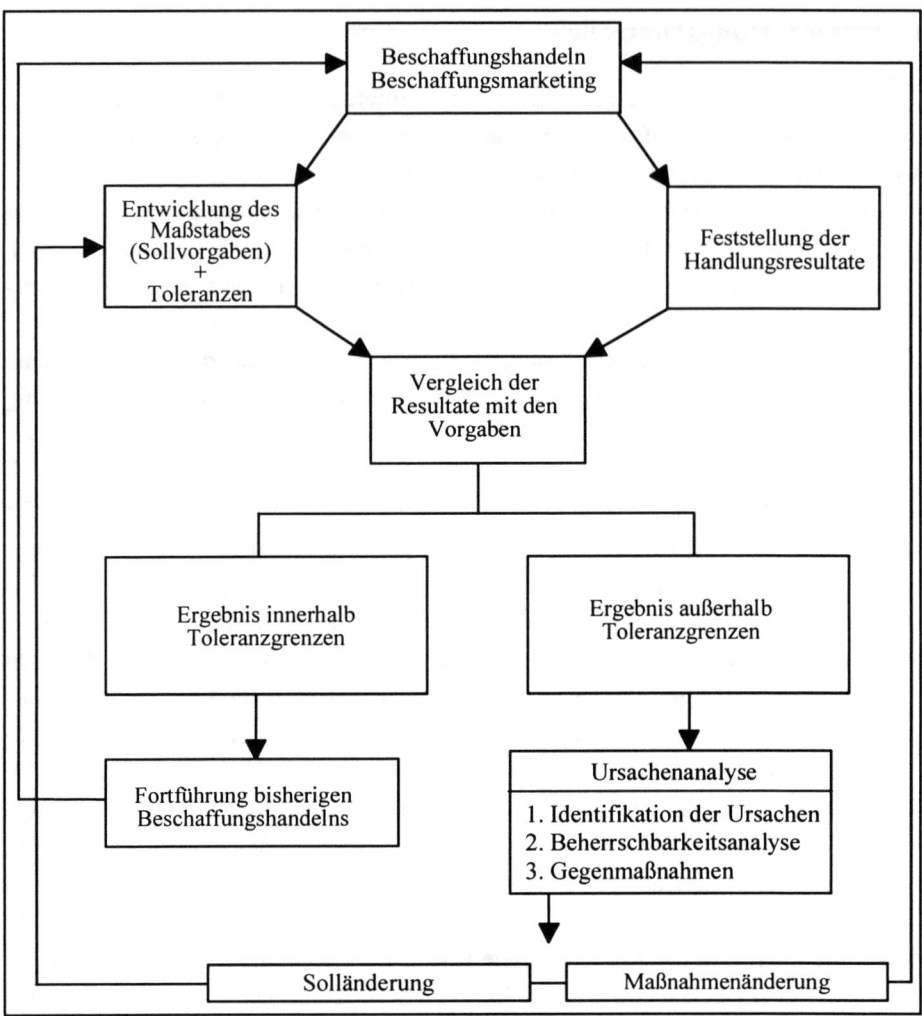

Übersicht 87: Stufen des Kontrollprozesses

Aus dem marketinggeleiteten Beschaffungshandeln ergeben sich die gesetzten Leitgrößen, die Maßstäbe, an denen gemessen wird. Für den Vergleich mit den Handlungsresultaten sollten gleichzeitig Toleranzgrenzen festgelegt werden, welche die "Nochzufriedenheitsgrenzen" zeigen. Abweichungen vom Soll-Wert innerhalb der Toleranzgrenzen werden wie eingehaltene Soll-Werte behandelt. Das Beschaffungshandeln wird ohne Änderung fortgeführt.

Liegt dagegen das Ist-Ergebnis außerhalb der fixierten Toleranzgrenzen, dann muß im Rahmen einer Ursachenanalyse geprüft werden, warum es zur Abweichung vom angestrebten Zustand gekommen ist. Dazu muß zunächst die Abweichungsursache identifiziert werden. Möglich ist, daß man es nur mit einer Ursache zu tun hat, aber auch ein ganzes Bündel von Ursachen als *Ursachenkomplex* ist denkbar. Um die Komplexität des zweiten Falles zu reduzieren, wird man die dominierende Ursache herausgreifen, den anderen "Ursachenkranz" bei der weiteren Bearbeitung jedoch nicht unberücksichtigt lassen.

Nach der Ursachenfeststellung (z. B. kein Qualitätssicherungssystem beim Lieferanten) stellt sich die Frage, ob es Möglichkeiten gibt, mit dieser Abweichungsursache fertig zu werden. So können Devisenkursänderungen kurzfristig nicht aufgefangen werden, wenn man sie nicht in die Planung bereits einbezogen hat. Längerfristig sind Termingeschäfte einplanbar oder Märktewechsel möglich. Hier begegnet uns die Unterscheidung Lieferant/Lieferantenumwelt. Die Lieferantenumwelt ist schwer beeinflußbar, man muß sich ihr meist passiv anpassen.

Hat man dann festgestellt, daß Gegenmaßnahmen möglich sind, um das Handlungs-Ist mit dem Handlungs-Soll in Einklang zu bringen, wird man sich zuerst über die Forderungs-Anreiz-Wirkungen der Maßnahmen Gedanken machen. Das bedeutet, man wird prüfen, was das Heranbringen der Ist-Werte an die Soll-Werte (Forderungen) kostet (Anreize). Die betriebswirtschaftliche Vergleichsüberlegung (→ ökonomisches Prinzip) kann zu dem Ergebnis führen, daß sich die Maßnahme, das Maßnahmenbündel lohnt. Denkbar ist aber auch, daß man z. B. mit Hilfe der Wertanalyse zu dem Ergebnis kommt, das eigene Soll zu ändern. Das kann zu einem Weniger führen, denkbar ist aber auch, daß man nun etwas anderes plant.

Diesen formalen Prozeß müssen wir jetzt mit Inhalten füllen.

4.722 Kontrollinhalte

Was wollen wir kontrollieren? Die Auswahl des Was ist gleichzeitig die Entscheidung über den Maßstab für das Soll. Im Grunde ist es trivial, wenn wir auch an dieser Stelle wieder auf die Leitmaxime des ökonomischen Prinzips verweisen. Man kann viel vorgeben, man muß sich nur die Frage gefallen lassen, was es bringt. Wir gehen davon aus, daß im Mittelpunkt unserer Überlegungen die Regelungsfunktion und damit die Frage der Effizienzsteigerung steht: Zukünftiges Handeln soll Vorgegebenes mit weniger Aufwand erreichen. Deshalb wird sich die Kontrolle auch nur auf solche Tatbestände konzentrieren können, die bemerkbar effizienzsteigernd wirken können.

Zur Bestimmung der Kontrollinhalte können wir auf die Input-Output-Prozeßüberlegungen zurückgreifen. Inputorientiert sind instrumentenbezogene Kontrollinhalte; als outputorientiert kann man bedarfsbezogene Kontrollinhalte bezeichnen. Und schließlich lohnt es sich, auch die Beschaffungsziele auf ihre Erfüllung hin zu überprüfen. Dies sollen einige beispielhafte Aufzählungen erläutern.

(1) Bedarfsbezogene Kontrollinhalte

Bedarfsanforderung	bedarfsbezogene Kontrollkennzahlen
Mengenkonstanz	$\dfrac{\text{Ist-Liefermenge x Anzahl der Lieferungen}}{\text{Soll-Lieferungen}} \times 100$
Einsatzvariabiliät	$\dfrac{\text{Anzahl standardisierter BO's}}{\text{Gesamtanzahl der BO's}} \times 100$
Entwicklungszeit/Produktions-zeit/Lieferzeit	$\dfrac{\text{angebotene Zeit}}{\text{gewünschte Zeit}} \times 100$
Bereitstellungszeitpunkteinhaltung/Lieferzeitpunkteinhaltung	$\dfrac{\text{Zahl falscher Termine}}{\text{Zahl vereinbarter Termine}} \times 100$
flexible Termingestaltung	$\dfrac{\text{Zahl realisierter Terminänderungen}}{\text{Zahl vereinbarter Terminänderungen}} \times 100$
Lieferzuverlässigkeit	$\dfrac{\text{Anzahl der Lieferungen mit Fehlern (Menge/Zeit/Ort/Qualität)}}{\text{Gesamtzahl der Lieferungen}} \times 100$
Verpackungs- und Transportschutz	$\dfrac{\text{Zahl beschädigter BO's}}{\text{Gesamtzahl der gelieferten BO's}} \times 100$

Übersicht 88 (1): Bedarfsbezogene Kontrollkennzahlen

Bedarfsanforderung	bedarfsbezogene Kontrollkennzahlen
Bereitschaft zur Kostenanalyse	$\dfrac{\text{realisierte Zielkosten}}{\text{gewünschte Zielkosten}} \times 100$ → Zielkostenerreichungsquote
Preissicherheit	$\dfrac{\varnothing \text{ Einstandspreis Berichtsperiode}}{\varnothing \text{ Einstandspreis Basisperiode}} \times 100$ je Land/BO
	$\dfrac{\text{reduzierte Einkaufspreise}}{\text{erzielte Kostenreduktion beim Lieferanten}} \times 100$ → Rentabilitätsweitergabequote
Kundendienstbereitschaft	$\dfrac{\text{Anzahl zufriedenstellend realisierter Kundendienstleistungen}}{\text{Anzahl der Kundendienstanforderungen}} \times 100$
Recyclingbereitschaft	$\dfrac{\text{Menge substituierbarer Abfallstoffe einer Gefahrenklasse}}{\text{Gesamtmenge der Abfallstoffe einer Gefahrenklasse}} \times 100$ → Substitutionsquote

Übersicht 88 (2): Bedarfsbezogene Kontrollkennzahlen

Bedarfsanforderung	bedarfsbezogene Kontrollkennzahlen
Recyclingbereitschaft	$$\frac{\text{Menge wiederverwendeter Stoffe je Warengruppe}}{\text{Gesamtmenge der Einsatzstoffe je Warengruppe}} \times 100$$ → Recyclingquote $$\frac{\text{Anzahl/Menge der Sondermüllobjekte}}{\text{Anzahl der Abfallstoffe}} \times 100$$ → Sondermüllquote $$\frac{\text{Anzahl ohne Nachbehandlung verwertbarer Stoffe}}{\text{Gesamtzahl verwertbarer Stoffe}} \times 100$$ → Verwertungsquote
erweiterte Objektgarantie	$$\frac{\text{gewährte Garantieverlängerung in Monaten}}{\text{gewünschte Garantieverlängerung in Monaten}} \times 100$$
Nachkaufsicherheit	$$\frac{\text{gewährte Nachkaufsicherheit in Jahren}}{\text{gewünschte Nachkaufsicherheit in Jahren}} \times 100$$
Servicekapazität	$$\frac{\text{gewährte Servicekapazität}}{\text{gewünschte Servicekapazität (bezogen auf Lager, Entwicklung, Prüfung usw.)}} \times 100$$

Übersicht 88 (3): Bedarfsbezogene Kontrollkennzahlen

Einigen der in Abschnitt 4.22 erläuterten Bedarfsanforderungen wurden hier Kontroll-kennzahlen in Quotenform zugeordnet. In der konkreten Beschaffungssituation wird man entsprechend der Übersicht 36 aus dem Spektrum der Möglichkeiten lediglich je-ne auswählen, welche die spezifische Wenn-Bedingung erfassen, um eben das Wich-tige zu kontrollieren.

Dieser *Bedarfserfüllungskontrolle* kann man eine *Bedarfsfixierungskontrolle* zur Seite stellen. Hierbei geht es darum zu prüfen, ob man bei der gemeinsamen Festlegung der Bedarfsanforderungen gemessen an den Beschaffungszielen richtig gehandelt oder Fehler gemacht hat.

(2) Instrumentalzielbezogene Kontrollinhalte

Als Bezugspunkt für die folgende wiederum in Quotenform genannten Kontrollkenn-zahlen wählen wir Übersicht 22 über die Instrumentalziele:

einige Instrumentalziele	instrumentalzielbezogene Kontrollkennzahlen
Märktepräsenz	$\dfrac{\text{Anzahl genutzter Märkte alle BO's / spezifische BO's}}{\text{Anzahl möglicher Märkte alle BO's / spezifische BO's}}$
Exklusivbezugsquote	$\dfrac{\text{Exklusivlieferanten}}{\Sigma\ \text{Anzahl Lieferanten}} \times 100$
Einkaufskooperation	$\dfrac{\text{Anzahl realisierter Kooperationen}}{\text{Anzahl möglicher Kooperationen}}$ $\dfrac{\text{Kooperationseinkaufsvolumen}}{\Sigma\ \text{Einkaufsvolumen}} \times 100$
Lieferbereitschaftsgrad	$\dfrac{\text{Anzahl sofort bedienter Wünsche}}{\Sigma\ \text{Anzahl Belieferungswünsche}}$
Preissenkungsquote	$\dfrac{\text{realisierte BO-Preissenkungen}}{\text{Marktpreis(index)}}$
Festpreisquote	$\dfrac{\text{Anzahl an Festpreiskontrakte je Periode}}{\text{alle BO-Preise je Periode}}$
DM-Preisquote	$\dfrac{\text{Anzahl Lieferkontrakte auf DM-Basis}}{\Sigma\ \text{Lieferkontrakte}}$

Übersicht 89: Instrumentalzielbezogene Kennzahlen

(3) Beschaffungszielbezogene Kontrollinhalte

Wir wollen uns mit den folgenden Kontrollkennzahlen auf die wichtigen Beschaffungsziele

- Beschaffungskosten senken,
- Beschaffungsrisiko senken,
- Beschaffungsqualität steigern,
- Beschaffungsflexibilität steigern

beschränken, gemeinwohlorientierte Aspekte also nicht weiter kontrollierend prüfen. Es handelt sich bei den folgenden Vorschlägen nicht nur um Gliederungs- und Beziehungszahlen.

Weiterhin fällt auf, daß einige Kontrollkennzahlen mehrfach benutzbar sind. So wird die Standardisierungsquote im Bereich der Bedarfsanforderungen (Einsatzvariabilität) ebenso erwähnt wie in den verschiedenen Funktionszielen Kostensenkung, Sicherheitssteigerung, Flexibilitätssteigerung. Die den Kennzahlen zugrunde liegenden Handlungen können mehrere Handlungsresultate bewirken. Wenn man sich auf Standardisierungsüberlegungen eingelassen hat, kann man diese Objekte an verschiedenen Stellen einsetzen; Mengeneffekte führen zur Kostendegression; Standardteile werden meist von mehreren angeboten, damit wächst die Versorgungssicherheit; die Vergrößerung des Einsatzspektrums vergrößert die Anpassungsflexibilität. Einige Beispiele mögen genügen:

Funk-tions-ziel	funktionszielbezogene Kennzahlen
Qualitätssteigerung	BO-Mängelquote $= \dfrac{\text{Anzahl mangelhafter BO's}}{\Sigma\ \text{Anzahl gelieferter BO's}} \times 100$ → je Lieferant, Werk, Land usw.
	Lieferungsmängelquote $= \dfrac{\text{Anzahl beanstandeter Lieferungen}}{\Sigma\ \text{Anzahl Lieferungen}} \times 100$ → je Lieferant, Werk, Land usw.
	Servicebeanstandungs-quote $= \dfrac{\text{Anzahl beanstandeter Serviceleistungen}}{\Sigma\ \text{Anzahl Serviceleistungen}} \times 100$ → je Lieferant
	Handlingschadenquote $= \dfrac{\text{Anzahl/Wert beschädigter BO's}}{\Sigma\ \text{Anzahl gelieferter BO's}} \times 100$ → je Lieferant
	Entsorgungsmängel-quote $= \dfrac{\text{Anzahl bemängelter Abfallbeseitigungen}}{\Sigma\ \text{Anzahl der Abfallbeseitigungen}} \times 100$
	Lieferverzugsquote $= \dfrac{\text{Anzahl verfallener Liefertermine}}{\Sigma\ \text{Anzahl Lieferungen}}$
	Fehlmengenquote $= \dfrac{\text{Anzahl Lieferungen mit Fehlmengen}}{\Sigma\ \text{Anzahl Lieferungen}}$
	Rahmenvertragsqoute $= \dfrac{\text{Einkaufsvolumen aus Rahmenverträgen}}{\Sigma\ \text{Einkauf}} \times 100$

Übersicht 90 (1): Funktionszielbezogene Kennzahlen

Funktionsziel	funktionszielbezogene Kennzahlen		
Kostensenkung	Kostensenkungsquote Gesamt/Teilbereich	$=$	$\dfrac{\text{um x\% gesenktes EV Jetztjahr Gesamt/Teilbereich}}{\text{Einkaufsvolumen Vorjahr Gesamt/Teilbereich}}$ x 100
	∅ Einkaufsvolumen	$=$	$\dfrac{\text{Einkaufsvolumen Gesamt/Mitarbeiter}}{\text{Anzahl der Bestellungen /Gesamt/Mitarbeiter}}$
	Reisekostenquote	$=$	$\dfrac{\text{Reisekosten}}{\text{Beschaffungs-Mitarbeiter}}$ x 100
	Informationskostenquote	$=$	$\dfrac{\Sigma \text{ Infokosten (Messen, Reisen, Datenbanken usw.)}}{\Sigma \text{ Beschaffungskosten / Einkaufsvolumen}}$ x 100
	Verbrauchsabweichungsquote	$=$	$\dfrac{\text{tatsächlicher Materialaufwand}}{\text{geplanter Materialaufwand}}$ x 100
	Beschaffungskostenquote	$=$	$\dfrac{\Sigma \text{ Beschaffungskosten}}{\text{Nettoumsatz}}$ x 100
	Einkaufsvolumenquote	$=$	$\dfrac{\text{Einkaufsvolumen}}{\text{Nettoumsatz}}$ x 100
	∅ Kosten / Bestellung	$=$	→ Senkung der ∅ Kosten je Bestellung Σ $\dfrac{\text{Gesamtkosten Bestellung}}{\text{Anzahl der Bestellungen}}$ je Abteilung / je Produkt / je Mitarbeiter / je Rahmenauftrag
	∅ Bestellwert	$=$	→ Erhöhung des Bestellwertes $\dfrac{\text{Einkaufsvolumen}}{\text{Anzahl der Bestellungen}}$
	Bestellstruktur / Bestellwertklasse	$=$	$\dfrac{\text{∅ Bestellwert}}{\text{Einkaufsvolumen}}$

Übersicht 90 (2): Funktionszielbezogene Kennzahlen

Funktions-ziel	funktionszielbezogene Kennzahlen
Kostensenkung	⌀ Lagerdauer $\quad$ = $\quad$ → Senkung der Lagerkosten $$\frac{\text{Lagerbestand x 240 Tage}}{\text{Jahresverbrauch}}$$
	Ekq $\quad$ = $\quad$ → Senkung der Eilkostenquote (Ekq) $$\frac{\Sigma \text{ Kosten der Eillieferung } / \text{Teilbereiche}}{\Sigma \text{ Beschaffungskosten } / \text{Teilbereiche}}$$
	Fmkq $\quad$ = $\quad$ → Senkung der Fehlmengenkostenquote (Fmkq) $$\frac{\text{Stillstandskosten}}{\text{Herstellungskosten}} \text{ x } 100$$
	Standardisierungs-quote (auch bei Einsatzvariabilität) $\quad$ = $\quad$ $$\frac{\text{Anzahl standardisierter BO's}}{\Sigma \text{ Zahl der BO's}} \text{ x } 100$$
	Angebots-/ Anfragequote $\quad$ = $\quad$ $$\frac{\text{Anzahl der Anfragen / Angebote}}{\text{Bestellvolumen / Vorgang}} \text{ x } 100$$ $\quad$ = $\quad$ $$\frac{\text{Anfragen / Angebote}}{\text{Einkäufer / Mitarbeiter}}$$ $\quad$ = $\quad$ $$\frac{\text{Angebote}}{\text{Anfragen}} \text{ x } 100$$
	Volumenquote $\quad$ = $\quad$ $$\frac{\text{Einkaufsvolumen (BO)}}{\Sigma \text{ Einkaufsvolumen (Material)}} \text{ x } 100$$
	Vorratsquote $\quad$ = $\quad$ $$\frac{\Sigma \text{ Vorratsmenge je BO}}{\Sigma \text{ Nettoumsatz / Einkaufsvolumen}} \text{ x } 100$$

Übersicht 90 (3): Funktionszielbezogene Kennzahlen

146

Funk-tions-ziel	funktionszielbezogene Kennzahlen		
Sicherheitssteigerung	Lagerreichweite	$=$	$\dfrac{\text{Lagerbestand am Stichtag}}{\text{Ø Verbrauch pro Tag / Monat}}$ $\dfrac{\text{Lagerbestand + Bestellobligo}}{\text{geplanter Verbrauch pro Tag}}$
	Vorratsstruktur	$=$	$\dfrac{\text{Lagerbestand sensibler BO's}}{\text{Gesamtlagerbestand}}$
	Stammlieferanten-quote	$=$	$\dfrac{\text{Einkaufsvolumen bei allen Stammlieferanten je Periode}}{\text{Gesamteinkaufsvolumen}}$ x 100
	Standardisierungsquote	$=$	$\dfrac{\text{Anzahl standardisierter BO's}}{\Sigma \ \text{Anzahl der Lieferungen}}$ x 100
	Lieferausfallquote	$=$	$\dfrac{\text{Anzahl der Lieferausfälle}}{\Sigma \ \text{Anzahl der Lieferungen}}$ x 100
	Schornsteinmarktquote	$=$	$\dfrac{\text{Einkaufsvolumen in Nachbarschaft}}{\Sigma \ \text{Einkaufsvolumen}}$ x 100
	Sensibilitätsquote	$=$	$\dfrac{\text{Anzahl / Volumen sensibler BO's}}{\Sigma \ \text{Anzahl / Volumen BO's}}$ x 100
	Substitutionsgrad	$=$	$\dfrac{\text{Anzahl substituierbarer, sensibler BO's}}{\Sigma \ \text{Anzahl sensibler BO's}}$ x 100

Übersicht 90 (4): Funktionszielbezogene Kennzahlen

Funk-tions-ziel	funktionszielbezogene Kennzahlen	
Flexibilitätssteigerung	Standardisierungs-quote	$= \dfrac{\text{Anzahl / Wert standardisierter BO's}}{\Sigma \ \text{Anzahl / Wert der BO's}} \times 100$
	Lieferantenflexibiltäts-struktur	$= \dfrac{\substack{\text{Anzahl flexibler Lieferanten} \\ \text{(Planung, Kapazität, Programm)}}}{\Sigma \ \text{Anzahl Lieferanten}} \times 100$
	Reservekapazitätsgrad	$= \dfrac{\text{vertraglich gesicherte Kapazität}}{\text{maximal benötigte Kapazität}} \times 100$
	Branchenbreite des Lieferanten	1) Zahl der belieferten Branchen 2) Lieferanten je Branche
	Planungsschnelligkeit	Zeitpunkt: Planungsrevision → neuer Beschaffungsplan → Vertragsänderung / Neuverträge

Übersicht 90 (5): Funktionszielbezogene Kennzahlen

4.723 Kontrollmethodik

Wie soll man die Solls beschreiben, um sie meßfähig zu machen? Als generelle Anforderungen können wir auf die Tatbestände der Objektivität, Validität und Reliabilität zurückgreifen. Die Bedarfsanforderungen müssen in ihren Soll- bzw. Ist-Werten so gefaßt werden, daß sie möglichst frei von subjektiver Färbung (Schön- oder Schlechtbetonung) bleiben (→ *Objektivität*). Die Werte, mit denen man den Kontrollinhalt erfaßt, müssen diesem angemessen sein, sie müssen ihn valide abbilden. Die Inhalts*validität* wird gerade in der Anfangsphase nur mit Mühen erreichbar sein, sie wird für Diskussionen sorgen, dabei aber auch gleichzeitig den Blick dafür schärfen, was man kontrollieren will. Und die Reliabilität soll dafür sorgen, daß möglichst keine Meßfehler gemacht werden. Es sind somit genaue Meßanweisungen nötig.

Mit Hilfe von *Skalierungsverfahren* und *Kennzahlenverfahren* sind Kontrollen möglich.

148

(1) *Skalierungsverfahren* erlauben die Abbildung der Kontrollgrößen in einheitlicher Form nach exakt definierten Vorschriften (Pfisterer 1988, S. 86, 92 ff.). Man kann verschiedene Skalierungsarten unterscheiden:
- Nominalskalierungen sind Ja-/Nein-Entscheidungen
- Ordinalskalierungen sind Rangordnungsentscheidungen (größer/kleiner)
- Kardinalskalierungen bestimmen gleiche Differenzen oder Intervalle

Viele der Bedarfsanforderungen können nominalskaliert kontrolliert werden. Mit Ordinalskalen können die Märkte und Lieferanten positioniert und kontrolliert werden. Anstelle der Kardinalskalierungen sind Kennzahlen für die hier anstehende Aufgabe tauglicher.

(2) Mit *Kennzahlen* kann nun ein aussagefähiges Zahlensystem aufgebaut werden, das betriebswirtschaftliche Sachverhalte in konzentrierter Form widerspiegelt. Sie stehen auch im Mittelpunkt des *Benchmarking*. Pfisterer (1988, S. 88 und die dort angegebene Literatur) wählt folgende Struktur:

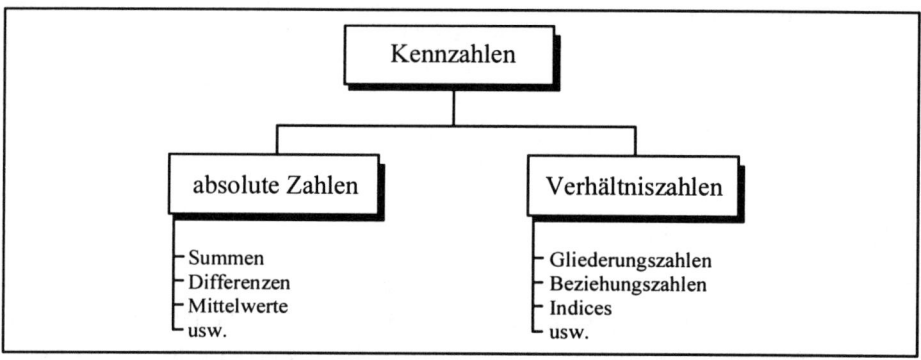

Übersicht 91: Arten von Kennzahlen

Das Jahreseinkaufsvolumen je Abteilung, je Mitarbeiter, je Lieferant usw. zeigt Häufungen, Veränderungen im Zeitablauf usw. Differenzen (z. B. Budgetdifferenzen: Soll - Ist) sagen etwas über die Planungsgüte oder/und die Maßnahmengüte bei unterstellter Umfeldkonstanz. Mittelwerte als arithmetisches Mittel erfassen z. B. durchschnittliche Einstandspreise eines Beschaffungsobjektes. Auch diese absoluten Zahlen befriedigen uns nur begrenzt in unserem Bemühen um eine aussagefähige Beschaffungskontrolle.

Uns interessieren mehr die Verhältniszahlen. Bei den Gliederungszahlen setzt man eine Teilmenge zur Gesamtmenge in Beziehung innerhalb des gleichen Zeitraums. Multipliziert mit 100 ergibt sich die Teilmenge in Prozent von der Gesamtmenge. Im Falle der Beziehungszahlen werden wesensverschiedene Größen, die in einem sinnvollen Zusammenhang stehen, pro Zeitraum zueinander in Beziehung gesetzt. Mit Hilfe von Indices - eine Größe wird gleich 100 gesetzt - will man Veränderungen im Zeitablauf festhalten.

Wir haben uns hier bemüht, vor allem Gliederungs- und Beziehungszahlen für die verschiedenen Bedarfsaspekte zu entwickeln.

Pfisterer (1988, S. 97) gibt einen Überblick über die erwähnten Methoden:

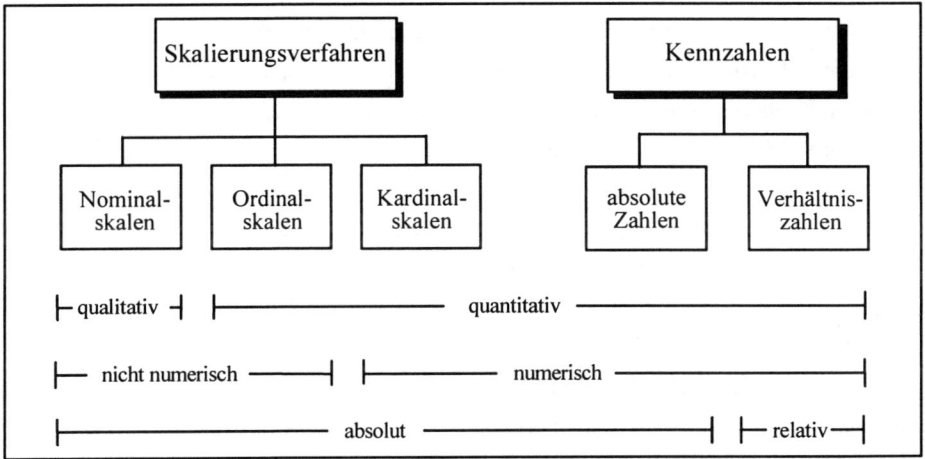

Übersicht 92: Beziehungen zwischen den Kontrollmethoden

Es stellt sich auch noch die Frage, woher man die benötigten quantitativen Daten für die Kennzahlbildung bekommen kann. Man wird sich im wesentlichen auf die eigene Tätigkeitsdokumentation und das betriebliche Rechnungswesen stützen können. Je mehr man sich des Computers bei der Nutzung des hier vorgeschlagenen Entscheidungsunterstützungssystems bedient, um so mehr fallen dabei Soll- und Ist-Daten am Arbeitsplatz an. Das betriebliche Rechnungswesen kann aus den Bereichen der Finanzbuchhaltung, der Kostenrechnung und der Betriebsstatistik um die Zurverfügungstellung der gewünschten Daten gebeten werden.

Damit schließt sich der Kreis der prozessual aufgebauten Beschaffungsmarketingaktivitäten.

Übersichtenverzeichnis

152

Literaturverzeichnis

- Ansoff, I.: A Model for Diversification, in : Management Science 1958
- Arnold, U.: Beschaffungsinformation, in: HWB, Bd. 1, 5. Aufl., hrsg. v. W. Wittmann et al., Stuttgart 1993
- Arnold, U.: Beschaffungsmanagement, Stuttgart 1995
- Berndt, R.: Total Quality Management als Erfolgsstrategie, Heidelberg u. a. 1995
- Biergans, B.: Zur Entwicklung eines marketingadäquaten Ansatzes und Instrumentariums für die Beschaffung, Bd. 1 der Schriftenreihe "Beiträge zum Beschaffungsmarketing", hrsg. v. U. Koppelmann, Köln 1984
- Bleicher, K./Meyer, E.: Führung in der Unternehmung, Reinbeck bei Hamburg 1976
- Cyert, R. M./March, J. G.: A Behavioral Theory of the Firm, Englewood Cliffs 1963
- Endler, D.: Produktteile als Mittel der Produktgestaltung, Bd. 21 der Schriftenreihe "Beiträge zum Beschaffungsmarketing", hrsg.v. U. Koppelmann, Köln 1992
- Gutenberg, E.: Grundlagen der Betriebswirtschaftslehre, Bd. 1., 24. Aufl., Berlin u. a. 1983
- Hammer, R.: Unternehmensplanung, München u. a. 1982
- Hiromoto, T.: Management Accounting in Japan, in: Controlling, 1. Jg., Heft 6, 1989
- Koppelmann, U.: Beschaffungsmarketing, 2. Aufl., Heidelberg u. a. 1995
- Kopsidis, R. M.: Materialwirtschaft: Grundlagen, Methoden, Techniken, Politik, 2. Aufl., München/Wien 1992
- Kotler, Ph.: A Generic Concept of Marketing, in: JM, Vol. 36, April 1972
- Kraljic, P.: Neue Wege im Beschaffungsmarketing, in: MM, Heft 11, 1977
- Kreikebaum, H.: Strategische Unternehmensplanung, Stuttgart u. a. 1981
- March, J. G./Simon, H. A.: Organisation, New York 1958
- Meyer, C.: Beschaffungsziele, Bd. 5 der Schriftenreihe "Beiträge zum Beschaffungsmarketing", hrsg. v. U. Koppelmann, Köln 1986
- o. V.: Industrieller Einkauf heute, Beschaffung aktuell, 12/95, S. 25ff.
- Pfisterer, J.: Beschaffungskontrolle, Bd. 7 der Schriftenreihe "Beiträge zum Beschaffungsmarketing", hrsg. v. U. Koppelmann, Köln 1988
- Porter, M. E.: Wettbewerbsvorteile, Frankfurt a. M./New York 1986
- Raffée, H.: Marketing und Umwelt, Stuttgart 1979

- Scherer, J.: Zur Entwicklung und zum Einsatz von Objektmerkmalen als Entscheidungskriterien in der Beschaffung, Bd. 9 der Schriftenreihe "Beiträge zum Beschaffungsmarketing", hrsg. v. U. Koppelmann, Köln 1991
- Seidenschwarz, W.: Target costing: marktorientiertes Zielkostenmanagement, München 1993
- Simon, H. A.: A Behavioral Model of Rational Choice, in: Quaterly Journal of Economics, 69 (February), 1955
- Stangl, U.: Beschaffungsmarktforschung - Ein heuristisches Entscheidungsmodell, Bd. 2 der Schriftenreihe "Beiträge zum Beschaffungsmarketing", hrsg. v. U. Koppelmann, Köln 1985
- Theisen, P.: Grundzüge einer Theorie der Beschaffungspolitik, Berlin 1970

Index